Pronostici Naturali

Come scommettere sui campionati di calcio

Volume autoprodotto - Edizione 1, Dicembre 2019

Autore

Nel DNA del padre copywriter, la passione per la scrittura e probabilmente anche il gusto della scommessa, sana e per divertimento, iniziata ai tempi del Totocalcio.

Classe 1973, da sempre amante del calcio, quasi vent'anni di esperienza in progetti online, Stefano ha unito le competenze professionali con la passione sportiva per definire un nuovo approccio al betting.

Un libro-manuale per andare oltre scetticismi, superficialità, luoghi comuni ed offrire, a tutti gli appassionati, un modello di betting responsabile, indipendente e divertente.

Sinossi

Pronostici Naturali è il mio modello di betting sul calcio che unisce dati statistici, linee guida e tecniche di gioco per sfruttare l'andamento dei campionati. La somma di questi fattori consente di realizzare scommesse in modo responsabile, indipendente e vivere il gioco con un approccio equilibrato e sereno, che parte da un punto di vista analitico differente.

Scommettere con la propria testa è fondamentale per mantenere il betting un divertimento. Certo significa anche impegnarsi e sviluppare, nel tempo, una mentalità vincente che non cada in pratiche ed abitudini malsane o addirittura ludopatiche. Piuttosto, puntare ad essere sempre in gioco, il più possibile, per ambire ad ottenere delle vincite, piccole o grandi che siano.

Hobby, passatempi e divertimenti in generale hanno un prezzo ed il gioco non fa differenza, l'importante è viverlo nel modo corretto, senza inutili azzardi e con un metodo definito e chiaro, per evitare di fare affidamento alla fortuna, alla casualità o alle analisi di "pancia" con ragionamenti che nascono su ipotesi esclusivamente soggettive ed interpretative.

Vincere nel betting calcio è complicato, altro che "cassaaa" tutti giorni. A fine stagione, chi ha ottenuto un bilancio più o meno in pari, fa già parte di un ristretto gruppo. Chi ha chiuso con un segno positivo, si trova sicuramente in una ristretta élite. L'importante è destinare sempre una somma al gioco adeguata rispetto alla reale disponibilità e che non vada a compromettere la stabilità e serenità personale e familiare.

Ho voluto chiamarli pronostici naturali, proprio per un aspetto fondamentale ed "organico". Perché rappresentano delle opportunità che si creano costantemente durante la lunga maratona dei campionati. Ogni settimana il calcio di campionato presenta una serie di squadre in determinate condizioni, apparentemente banali, ma che una volta approfondite nel modo corretto, consentono di realizzare scommesse che limitano il rischio di trovarsi con carta straccia tra le mani.

Lo confermano dati statistici: i campionati hanno questa sorta di moto "perpetuo", una continuità nel replicare specifiche situazioni.
Pronostici Naturali è la mia visione del betting in cui mi diverto a studiare ed osservare gli andamenti dei campionati, sia per pura passione statistica che, naturalmente, per scommettere e provare a vincere. Esclude a priori inutili tentativi alla ricerca del "colpaccio", magari per cercare di risollevare una situazione economica non soddisfacente (la pratica peggiore), ma può dare (e a me le dà ormai da diversi anni) piccole o grandi gioie per gustarsi il lato divertente del betting sul calcio.

Pronostici Naturali non suggerisce lo stake e non è un corso di money management, perché sono aspetti che ritengo troppo soggettivi. Ogni giocatore deve essere in grado di valutare che importo destinare al gioco e quando evitare rischi inutili. Non è una questione di conoscenze finanziarie o matematiche, ma di predisporsi mentalmente all'aderenza verso equilibrio, ragionevolezza e coscienza del giocatore.

Pronostici Naturali dà una sorta di indicazioni, dei suggerimenti pratici e tecnici per chi è meno pratico di betting calcio per aiutare lo scommettitore ad evitare scelte di pronostici poco consistenti o bolle non ottimizzate.

Pronostici Naturali non è un sistema matematico e non esegue simulazioni virtuali automatiche, perché sono semplicistiche e molto limitate.

Pronostici Naturali non è una raccolta di generiche statistiche sul calcio, perché meri dati non rappresentano un'opportunità, è necessario fare dei passaggi ulteriori ed approfondire gli andamenti specifici per cercare di abbattere il rischio.

Pronostici Naturali è indipendente da qualsiasi bookmaker, non utilizza comparazione di quote, non sfrutta affiliazioni o sponsorizzazioni.

Pronostici Naturali non propone pronostici a percentuale perché non li ritengo per niente indicativi di una scelta per la giocata finale.

Pronostici Naturali è perfetto per chi apprezza il calcio e scommette per divertirsi sui principali campionati europei, con l'obiettivo di vincere senza azzardi, stress, ansie ma sviluppare attitudini di betting responsabili.

Prefazione di Fabio Bergomi

Dopo anni che mio fratello mi parla di questo libro, finalmente è arrivato!

Ha aspettato tanto perché ci teneva a portare il livello del suo
gioco ad una maturità tale da poterlo presentare pubblica-
mente.

Il betting è una sua passione da tempo, questo è sicuro e non
c'è dubbio che l'abbia presa davvero seriamente. Sempre alle
prese con i prono, il sito, le bolle, che lavoro!

Ormai si vive sempre tutti di corsa, potrà sembrare strano,
ma fino a poco tempo fa, non siamo mai riusciti ad approfondire meglio l'argomento nel dettaglio, io so solo che si
diverte sempre a girarmi i messaggi con gli screenshot delle
vincite. Non capito certo quotidianamente, è ovvio, ma io ci
farei la firma con questa frequenza.

Ora che ho potuto leggere con calma il libro, mi rendo conto
che mettere insieme tutti questi ragionamenti sui "pronostici
naturali", come li ha battezzati lui, deve essere stata un'attività
davvero complessa.

Un vero manuale, più che un libro, probabilmente da rilegge-
re, perché le informazioni sono tante e anche se (almeno per
me) piuttosto tecniche, sono presentate in modo semplice.

Un concentrato di nozioni ma soprattutto di esperienza, che
dovrebbe essere sfruttata e messa in pratica da chi si diverte
con il betting. Probabilmente non è per tutti e questo me l'ha
specificato anche Stefano, d'altronde si tratta di condividere
una serie di metodologie di gioco e non tutti possono essere
d'accordo, soprattutto in un Paese di allenatori.

A livello di libri, non ne ho mai letti di specifici sul tema, ma non mi sembra di aver visto tanta scelta, vedremo cosa ne penseranno gli scommettitori e sicuramente avremo modo di divertirci e confrontarci anche sul mio canale YouTube.

Dediche

Alla mia famiglia ed in particolare a mio padre, che mi ha fatto apprezzare il lato sano e divertente del gioco, fino all'ultima nostra schedina in comune.

Al mio amico Carlo, raro esemplare di scommettitore vincente, tutto raziocinio e istinto, compagno di lunghi e proficui confronti sull'argomento.

Al mio amico Cristiano e tutti quelli che si ritengono sfortunati nel gioco, perché possano trovare un betting soddisfacente ed equilibrato, a prescindere dal fattore C.

Ringrazio tutti gli amici che considerano Pronostici Naturali un luogo di approfondimento per un betting migliore. Se possibile, ricordatevi di essere generosi e condividere sempre la gioia di una vincita, piccola o grande che sia, con i vostri affetti.

Infine ringrazio scettici, pessimisti, malfidenti e livorosi, per essere sempre un grandissimo stimolo verso il costante miglioramento del mio modello di betting.

Made with loyalty by tipsters.

Sommario

DOMANDE FREQUENTI

Prima di affrontare in modo pragmatico come scommettere con i pronostici naturali dei campionati, una breve lista di domande e risposte introduttive, utili per conoscere il mio approccio al betting ed entrare in sintonia con reciproche aspettative ed obiettivi e far risparmiare subito tempo e denaro per questo libro, a chi non si ritrova nel mio pensiero sull'argomento.

Conosci già i pronostici naturali?
Nuovo brand, nuova piattaforma, nuovi contenuti, insomma un nuovo progetto ma sempre la stessa voglia di vincere bolle. Pronostici Naturali è una piattaforma online di utilità per il betting sul calcio di campionato che ha l'obiettivo di aiutare il giocatore a mettere in pratica un modello di gioco responsabile ed a scommettere con la propria testa.
Linee guida e dati statistici oggettivi e specifici per riuscire a vivere il gioco in modo divertente e per sfruttare la piattaforma al fine di effettuare scelte più ragionevoli e lontano da inutili rischi o errori banali.
Pronostici Naturali è online dalla stagione 2019-20 ed è accessibile gratuitamente, sicuramente almeno fino alla fine di questa stagione. Si tratta di un progetto completamente personale ed indipendente, quindi valuterò a fine stagione ogni aspetto, dal feedback degli utenti all'aspetto di sostenibilità. La mission di Pronostici Naturali è dare uno strumento pratico e realmente utile a chi desidera scommettere con efficacia. Qualsiasi persona maggiorenne può accedere a tutti i pronostici naturali dei 16 campionati in Europa considerati ed a tutti i dati utili per scegliere i prono da scommettere in totale libertà.

Cosa cambia con il Decreto Dignità?
Il Decreto Dignità ha regolamentato sostanzialmente la pub-

blicità dei giochi d'azzardo in Italia. Nella nostra dimensione, lontana milioni di euro di anni luce dalle strutture e dalle dinamiche dei bookmaker, possiamo comunque affermare che Pronostici Naturali è indipendente e non ha alcuna legame con nessun bookmaker.

Cambio poco quindi per il nostro approccio al betting, che ha da sempre caratteristiche di equilibrio e gioco responsabile. Un modo di fare betting creato per valorizzare vincite di qualsiasi importo e bandire giocate dispendiose o scioccamente rischiose.

Perché la guida ufficiale dei pronostici naturali?

Negli anni ho provato a descrivere la mia metodologia su pagine web ma obiettivamente pochissimi sono disposti a leggere lunghi testi direttamente online, o perlomeno non è il metodo più comodo.

Per questo motivo ho deciso di scrivere un libro, così chi lo desidera, può apprendere più rapidamente come scommettere con i pronostici naturali.

Dovrò necessariamente fare riferimenti alla piattaforma dove si materializzano i pronostici naturali ma leggere il libro non è una condizione necessaria per utilizzarli, semplicemente fornisce una visione più ampia ed approfondita per chi preferisce sviscerare ogni dettaglio, scoprire un'esperienza maturata in diversi anni e centinaia di bolle. Per cambiare un betting negativo, probabilmente è necessario cambiare approccio e provare a migliorare le proprie conoscenze, per realizzare bolle "corrette", almeno secondo il modello e le linee guida.

Pronostici Naturali si può consultare per vedere dati ed informazioni sulle stagioni passate e quella in corso, con tutti i trend dettagliati dei campionati e, naturalmente, il tabellone con i pronostici naturali per scegliere i prono migliori da inserire nella bolla.

Il mondo del betting calcio è enorme, ne affronto una parte

che ritengo essere la più comune per la maggior parte degli scommettitori nostrani. Non è una Bibbia, una guida rivoluzionaria, non troverai sistemi cervellotici, fitti fogli di calcolo carnevaleschi. Troverai solo il mio approccio al betting con i pronostici naturali, con i suoi pro e contro.

Ho cercato di rendere il libro più pratico possibile, senza badare alla lunghezza bensì alla qualità. È un concentrato di informazioni piuttosto intenso, quindi consiglio di leggerlo e di tenerlo a portata di occhio e di segnare i punti più importanti. Ho appositamente evitato di inserire definizioni generiche di betting, che qualsiasi scommettitore già conosce o che può reperire facilmente online su decine di siti.

OK ma... le bolle pronte da giocare?

Voglio rispondere subito alla domanda numero uno che da anni mi pongono gran parte degli scommettitori, in quanto desiderosi di vincere grano facile e veloce. E anche spesso! Un approccio che, spero, sia ormai chiaro a tutti che non può esistere.

Durante gli anni passati ho pubblicato online e sui canali social ufficiali tante bolle, abbiamo vinto e perso, sempre con totale trasparenza. Senza esaltarci di fronte a vincite a tre/quattro figure o deprimerci nel corso di un periodo negativo. Abbiamo sempre portato a casa il segno verde e siamo rientrati in quella ristretta élite di privilegiati, ma non è questo il punto.

Avere la fiducia e riuscire a far vincere altre persone con delle bolle pronte da giocare ammetto che sia una bellissima sensazione, ma avvicinare lo scommettitore ad un gioco più responsabile ed indipendente e votato ovviamente alla vincita, credo sia il massimo risultato che si possa ottenere.

Perché vuoi i prono premasticati? Rifletti 30 secondi. Sei alla ricerca di qualcuno che spenda i tuoi soldi al posto tuo? Che si diverta con il tuo denaro? Lui gioca e tu paghi, ma perché?

Hai bisogno di qualcuno che la maggior parte delle volte
perda al posto tuo, non riesci a "perdere da solo"? Perché
pensi che un emerito sconosciuto, un autoproclamato guru
delle scommesse, possa aiutarti a vincere più di quanto possa
fare tu da solo, una volta in possesso di un approccio valido
e duraturo? Che voglia hai di dover aspettare ogni volta che
compaia online l'agognata bolla? Perché non ti liberi da tutti
questi preconcetti ed inizi a divertirti con le tue scommesse?
Realizzare le bolle con le proprie scelte, con l'aiuto di dati
significativi, regole oggettive sui pronostici naturali e tecniche
di betting semplicemente ragionevoli.

Questo è da sempre ciò che ho cercato di suggerire con l'o-
biettivo di mettere in grado chiunque, in particolare i meno
esperti, di giocare in modo libero ed indipendente.

Ho realizzato questo progetto per trasmettere la mia esperienza concreta a chi è ancora convinto che affidarsi ad altri sia
la scelta giusta per migliorare il proprio betting. Vale anche
per Pronostici Naturali, certo! Ciò che mi preme è offrire un
approccio al betting, non dare la pappa pronta.

Considero fondamentale la mia conoscenza sui pronostici
naturali, intesa come le nozioni acquisite sul piano logico e
dell'esperienza reale di gioco, ma i risultati ottenuti in passato
non possono essere una garanzia per quelli del futuro. Come
del resto per qualsiasi altro aspetto del lavoro e della vita, è
necessario proseguire nell'apprendimento, nella crescita e
nella conferma dei risultati.

Per il domani rimangono sicuramente, oltre alla specializza-
zione sui campionati, anche una grande quantità di dati specifici ed oggettivi, per cercare di perfezionare sempre di più la
scelta dei pronostici naturali da utilizzare nella bolla.

Questo è ciò che ritengo fondamentale, avere dati specifici ed
insindacabili da analizzare ed utili per apportare dei miglio-
ramenti. Lo so che state pensando che Pronostici Naturali sia

un altro caso di betting 100% "data driven", forzatamente automatizzato, ma non è affatto così.

Scoprirete nel libro che, oltre ai dati ed alla analisi degli insight, è assolutamente necessaria una parte umana nel processo di selezione dei pronostici naturali.

Con grande rispetto per tanti bravi e onesti "pro tipster", ma perché non provare per una volta, a puntare su sé stessi?

Eppure sono certo che tutti hanno avuto il piacere di vincere una scommessa, almeno una volta, con la propria testa, ed è tutt'altra goduria! E su questo siamo sicuramente tutti d'accordo.

Mi capita spesso di incontrare e scambiare due chiacchiere casuali con tanti scommettitori e noto che, la maggior parte, hanno ancora un gioco più o meno casuale e senza regole. Anche persone che vincono, ma che ogni giornata sono punto e a capo, perché non hanno una linea guida chiara da seguire sempre, dei dati che ti avvisano che "quelle situazioni" capitano da sempre e che sempre ritornano, con una frequenza affascinante.

Con il rapido apprendimento delle dinamiche dei pronostici naturali, chi ancora non ha trovato una modalità di betting piacevole, potrebbe applicare un gioco assolutamente più lineare, soddisfacente e divertente.

Dopo questa doverosa premessa voglio comunque dare un supporto a chi si avvicina per le prime volte al betting con i pronostici naturali.

La piattaforma, nel tabellone dei prono naturali, segnalerà i "migliori" con le relative giocate ed eventuali note importanti. Tutto ciò, naturalmente, secondo i parametri del modello di betting.

Pubblicheremo online o sui nostri social, anche il rendimento delle nostre giocate, bolla per bolla, di alcune stagione passate e di quella corrente. E degli esempi di bolle giocate, sia

vincenti ma soprattutto perdenti, per dare spunti pratici per
evitare "errori" di valutazione dei prono o, più semplicemente, tecnici per le bolle.

Riteniamo che insieme le linee guida, i trend dei campionati,
le indicazioni dei migliori prono del tabellone e gli esempi
delle bolle giocate, siano ampiamente sufficienti per poter
comprendere il betting con i pronostici naturali dei campionati e mettere lo scommettitore nelle condizioni di essere
indipendente.

Niente gruppi segreti, chat private, file da scaricare od altre
situazioni più o meno chiare. Parola d'ordine semplicità,
perché l'obiettivo è riuscire ad ottenere un betting sereno e
soddisfacente anche nell'utilizzo.

Che sbatta!

Io non ho tempo, voglia, il QI adatto, il PC, l'ADSL. Devo
badare alla famiglia, alla fidanzata/o ed altre mille compren-
sibili ragioni. Più numerose delle cavallette dei The Blues
Brothers. Rispetto tutte le motivazioni che portino ad avere
un betting casuale o nelle mani di altri, la libertà è sacra!
Pronostici Naturali vieni in aiuto perché consente di effettuare giocate in modo rapido e semplice. Perché l'approccio è
sempre il medesimo, cambiano solo le squadre che compaio-
no nel tabellone considerate come pronostico naturale, nelle
giornate di campionato.

Naturalmente qualche riflessione ed un minimo di tempo
sono necessari, si sta pur sempre parlando di mettere in gioco
del denaro. E qualsiasi sia l'importo, merita di essere considerato con un minimo sindacale di attenzione e serietà.

Essere preparati, come sempre, è un grandissimo vantaggio.
Chi non ha proprio tempo e/o voglia di leggere le linee guida
del modello, potrà comunque accedere al tabellone ed utilizzare i suggerimenti proposti.

Avere chiari i principi dei pronostici naturali significa, ad esempio: sapere come sfruttarli a seconda della situazione attuale della squadra, come ottimizzare il rapporto tra importo scommesso e potenziale vincita desiderata, come valutare un match tra due squadre entrambe nella condizione di prono naturale, cosa sono e come selezionare le quote classiche e le quote di "copertura" e molto altro.

Tante preziose informazioni, sfumature e suggerimenti pratici di cui ho fatto tesoro duranti anni di pratica.

Perché solo i campionati e niente coppe?

La musichetta della Champions piace a tutti e anche a me. Per quanto riguarda i pronostici naturali però, è solo nei campionati, con il passare dei turni settimanali, che si presentano opportunità in modo spontaneo e costante da poter sfruttare al meglio per realizzare scommesse. Per questo motivo, per ora, niente coppe europee e tornei tra nazionali.

Con i campionati ogni settimana è disponibile un nuovo elenco nel tabellone dei prono naturali. È un mercato sempre ricco di nuove opportunità, in un certo senso già pre selezionate, sul quale concentrarsi al meglio. Turno dopo turno si macina esperienza e si è in grado di essere sempre aggiornati sugli andamenti dei campionati, alla ricerca del massimo rendimento con il minor rischio.

Pronostici Naturali è la scoperta dell'acqua calda

L'acqua calda fa miracoli, ma pochi sanno che una bella tazzona bollente stimola un rutto pieno di soddisfazione che libera lo stomaco dai gas, consente di digerire e far sentire di nuovo meglio. Provare per credere.

Allo stesso modo, pochi sanno come sfruttare un insieme di fattori oggettivi per realizzare una bolla che sia il più affidabile ed ottimizzata possibile.

Pronostici Naturali è un modello di betting che coinvolge diversi fattori, mi ci è voluto un libro intero per poterlo descrivere con i necessari dettagli.

E se la bolla saltasse? Certo le bolle saltano spesso, ma i pronostici naturali proseguono inesrabili ogni giornata di campionato, chiunque avrà modo di constatarlo di persona.

Fa rosicare non aver scelto quelli vincenti, ma è sempre meglio essere su una strada "giusta", con diversi prono centrati, piuttosto che sbagliarli tutti inesorabilmente. Deve essere, anzi, un termometro per capire se si stanno compiendo progressi. Con il passare del tempo e delle bolle, la media dei prono naturali centrati deve tendere a salire, diversamente potrebbe essere necessario riflettere su eventuali incomprensioni o errori rispetto alle linee guida.

Perché condividere una metodologia di betting.

Ho definito questo modello, oltre che per scommettere in questo modo in prima persona, anche per mettere a disposizione di chiunque una metodologia ed uno strumento concreto, con maggiori elementi di valutazione, più logica e prudente, per scommettere sul calcio di campionato.

Il betting non è una lotteria, dove chi vince si divide un montepremi. Quindi il numero di vincite non influisce sull'importo ottenuto. In questa eventualità, in cui vorremmo trovarci quando scommettiamo, saremo tutti felici e soddisfatti.

Nel mio approccio al gioco non considero il bookmaker un "nemico", è meramente una controparte e "fa il suo gioco".

Per quanto mi riguarda utilizzo solo piattaforme certificate in Italia e, dal punto di vista dell'esperienza di gioco, è sempre andato tutto molto bene. Anche i pagamenti delle vincite sono stati sempre precisi e puntuali.

Il mio betting esclude giocate di importo elevato, le considero solo un rischio se non addirittura un azzardo, di cui non ho bisogno per rendere appassionante e soddisfacente i numeri potenziali delle mie bolle e le mie vincite.

E tu, chi sei?

Sono uno di voi. Un appassionati di sano betting a cui sono stati necessari anni di prove e test per provare ad ottenere un gioco più soddisfacente. La fortuna? Sicuramente non è sulla dea bendata che bisogna fare affidamento, io sinceramente non sono mai stato fortunato al gioco e quindi neanche l'ho presa in considerazione.

Semplicemente, ad un certo punto, mi sono imposto di trovare un modo per cambiare il mio rapporto con il betting. Prima che qualcuno mi fraintenga, perché di questi tempi è meglio precisare: non ho mai sofferto di nessuna forma di ludopatia e/o gioco d'azzardo, sono anzi molto equilibrato, come dovrebbero esserlo tutti quando scommettono, vanno al casinò, si piazzano davanti ad una stupida slot machine (soldi che considerto buttati), fanno una grattata, una colonna di lotto, Superenalotto o il pokerino la sera con gli amici. Volevo trovare un gioco più regolare, che avesse un suo perché, una sua logica, confermata da qualche dato statistico specifico, per gustarmi ancora di più il calcio.

Mi chiamo Stefano Bergomi, classe 1973, nato a Milano. Mio padre Roberto, professione copywriter, mi ha trasmesso geneticamente la creatività e la passione di scrivere. E mi ha trasferito anche il gusto del gioco, quello fatto per divertimento, iniziato ai tempi del Totocalcio.

Erano sabati pre cena, fatti di un veloce aperitivo e colonne semplici di tredici partite. Per la cronaca abbiamo portato a casa con soddisfazione una lunga serie di Campari Soda, ma anche due dodici di tutto rispetto. Con uno mi sono comprato la mia prima auto: una scintillante Seat Ibiza 1.2 usata color mago Merlino. Mi sembrava una Lambo, mi accompagnò in vacanza sulla costa spagnola castellana.

Poi è iniziata un'altra storia. Era il 2012 ed ho passato due anni a studiare intensamente, sperimentare, testare e perfezionare, con scommesse vere, la versione primordiale del mio modello. E grazie alla passione per il calcio ed alle mie competenze online, ho potuto analizzare una grande mole di dati utili.

Se proprio avessi dovuto continuare a non essere soddisfatto del mio betting, almeno doveva essere regolato da dati oggettivi e regole precise!

Dalla stagione 2014-15 scommetto solo con i pronostici naturali, ne sono ampiamente soddisfatto e lavoro costantemente per migliorare i risultati ottenuti, senza la presunzione di avere la verità in tasca, ma solo una grande determinazione che, ad oggi, mi ha sempre ripagato.

Nella vita è già una fortuna avere una passione, io ne ho unite addirittura due, renderlo pubblico è stata una decisione semplice. Posso affermare serenamente di essere uno scommettitore libero, responsabile ed indipendente.

E poi... limitare i pronostici naturali solo per il mio personale utilizzo, sarebbe stato come segnare un gol in un derby... a porte chiuse.

Non sapevo ancora di preciso come avrei cambiato il mio betting, ma ero certo che dovesse avere alcune caratteristiche fondamentali. Una serie di requisiti che dovevano portarmi a scommettere in modo rigoroso, mantenere un buon grado di divertimento e, naturalmente, aumentare la mia possibilità di ottenere vincite, ma senza incrementare gli importi giocati. Trovare un comune denominatore che facesse ben suonare questa sinfonia di aspetti, è stato un percorso molto complesso.

Come ho anticipato, ai fini del mio approccio al betting, non mi interessano sure bet, sistemi puramente matematici o progressivi, "scavalli" vari con i bonus di benvenuto ed altre pseudo speculazioni del genere.

Per me non è una questione morale, semplicemente non mi

diverte questa modalità di gioco e la ritengo poco responsabile e remunerativa.

Scommettere deve essere un divertimento, anche molto im-
pegnativo come nel mio caso, ma pur sempre uno spasso, un
hobby. Se per qualche ragione diventasse una fonte di stress o
ansia, lo eliminerei senza indugi dalla mia vita.

Con il passare del tempo ho definito ed approfondito dei
requisiti e delle linee guida che seguo tuttora con la massima
aderenza.

GUIDA TECNICA

Mercato definito e ristretto.

Basta perdere diottrie a scrutare interi palinsesti. Basta affogare nelle infinite partite di tutte i campionati del mondo. Basta non saper da che parte, o meglio da che partite, cominciare. Ho scelto di focalizzarmi sui risultati di calcio di campionato. Ho osservato e analizzato, grazie anche a strumenti informatici, una marea di risultati, dal 1995 ad oggi. Ho cercato un filo logico comune da cavalcare con fiducia in centinaia di migliaia di partite. Numero che cresce costantemente con il passare delle stagioni, dovrei fare due conti per vedere a quanto sono arrivate ma è un dato generico che mi potrebbe interessare solo per una mia curiosità statistica.

Ovviamente, scommettere solo sui campionati italiani di A e B è troppo limitante e poco favorevole a creare delle bolle equilibrate. Il primo passo è stato scegliere quali campionati, in giro per l'Europa, fossero più interessanti per il mio modello.

Nonostante questo big data sia una grande fonte di ispirazione, non è affatto sufficiente. È solo un aspetto, sicuramente significativo e fondamentale, ma non si può pensare di vincere solo perché si osservano i numeri e le statistiche, è necessario aggiungere tanto altro contenuto di qualità per "validare" gli step del processo di betting, dalla selezione alla predisposizione della bolla vera e propria.

Dall'inizio ho scelto 16 campionati in Europa, senza considerare playoff e playout, perché esulano per natura dai pronostici naturali. Questa fetta di mercato, che ancora oggi utilizzo, mi consente di concentrarmi su un numero ragionevole di prono naturali. Diversamente non avrei potuto fare passi avanti, avrei riaperto il palinsesto perdendomi in quella moltitudine di incontri in programma, in particolare nel

week-end.
Ecco le mie sedici fonti di campionato, in cui ho preferito alcune serie cadette al posto di prime categorie di altri Paesi.

• Serie A e Serie B

• Inghilterra Premiership e Championship

• Spagna Liga e Liga Adelante

• Francia Ligue 1 e Ligue 2

• Germania Bundesliga e Bundesliga 2

• Belgio Prima Divisione A

• Olanda Eredivisie Dutch league

• Portogallo Primeira Liga

• Turchia Super lig

• Grecia Super League

• Scozia Premiership.

Nel prossimo paragrafo spiegherò nel dettaglio cosa sono i pronostici naturali e tutti i termini che troverete nel libro. Riguardo ai campionati, oltre a poter attingere al sito, troverete nel libro anche dei dati che si riferiscono alle ultime stagioni. Il numero di squadre del campionato, da 16 a 24, influisce per ovvie ragioni sul numero di pronostici naturali che è "in grado" di originare e, di conseguenza, su quelli che risultano essere soddisfatti pienamente con le quote fisse 1, X, 2 o con le quote di copertura e copertura extra.
Per prendere in considerazione un campionato nuovo è necessario fare analisi approfondite sulla sua profittabilità. Ci sono tantissimi tornei nazionali ancora da scoprire in Europa

e altrettanti oltre i confini del vecchio continente, ma sarebbe ad oggi dispersivo avere un elenco troppo fitto di incontri con partite che si giocano in fusi orari eccessivamente diversi dal nostro e quindi poco gestibili per le scommesse.

Inoltre, ad esclusione di qualche top team con top player, in Europa l'incertezza del segno finale continua ad essere piuttosto alta e questo è un bene per le quote offerte dai bookmaker.

La piattaforma può essere considerata, nei primi step del processo di betting, come un sito di statistiche specifiche e utili per passare all'azione con i pronostici naturali. I dati però devono servire a prendere delle decisioni ed essere inseriti nella concreta operatività, altrimenti rimangono solo osservazioni fini a sè stesse.

La fase estiva ci è utile per poter mettere a terra i risultati della stagione appena conclusa e fare una buona analisi dei dati che ci ponga nelle condizioni di affrontare al meglio il nuovo anno calcistico.

I pronostici naturali: opportunità oggettive e costanti.

Questo è uno dei punti chiave della mia esperienza di betting: come sono arrivato a definire ed individuare i pronostici naturali.

Ogni giornata di campionato, delle squadre si trovano nella condizione di non vincere, non pareggiare o non perdere per una serie di turni consecutivi. E qui lo so, un bel "grazie al", l'avete pensato.

Se non fosse bastata l'ampiezza del sommario degli argomenti, lo chiarisco ancora a gran voce: questa è soltanto la prima caratteristica, vietato trarre conclusioni affrettate e superflue, dimostrerò che c'è molto di più.

Una squadra che non realizza, per una serie di giornate consecutive, uno o due tipi di risultati, è chiaro che può apparire come un aspetto scontato e di poca importanza. Spero sia altrettanto ovvio che il percorso non è affatto così semplicistico, anche perché dalla lista, alla scelta dei prono, a come metterli insieme nella bolla e a quanto scommettere, ci passa tutto il libro.

Questo primo requisito obbligatorio ci consente di fare una selezione naturale alla quale aggiungere altri parametri, necessari al fine di aumentare il livello di profittabilità di queste squadre-pronostico-naturale.

La maggior parte delle squadre, nei campionati selezionati, può presentare una o più volte nell'arco della stagione, la condizione obbligatoria iniziale per divenire un pronostico naturale. Da tenere sempre ben presente quindi, che i prono naturali sono le singole squadre e non le partite.

Pronostici Naturali prende in considerazione le squadre dopo cinque turni consecutivi già giocati, quindi con la sesta giornata ancora da giocare, la squadra è inserita in un elenco che ho chiamato semplicemente tabellone.

Questo è anche il motivo per cui non inizio a scommettere

alla partenza ufficiale dei campionati, ma è necessario attendere cinque turni effettivamente giocati.

E lo so, questo è difficile per la voglia di scommettere all'inizio della stagione, ma passano in fretta, grazie anche ai campionati che ormai partono ad agosto.

Questo mesetto circa, che costa grande pazienza a tutti noi appassionati di betting, può rivelarsi in realtà anche vantaggioso. All'inizio del campionato infatti, sappiamo che le sorprese sono molto più frequenti ed occorre qualche turno perché il campionato in qualche modo si "stabilizzi" e dia le prime indicazioni. Un po' come le prime cinque riprese della boxe.

Allo stesso modo, tutti siamo al corrente che viceversa, alla fine del campionato, tornano ad aumentare i rischi di risultati poco probabili durante la stagione, dovuti alle lotte per scudetto, qualificazioni per le coppe europee, biscotti veri o presunti e soprattutto per i posti validi per la salvezza dalla retrocessione.

Iniziare a scommettere prima della sesta giornata aumenterebbe a dismisura il numero di prono e ne abbasserebbe eccessivamente l'affidabilità. Al contrario, partire più tardi, significherebbe già mancare numerose valide opportunità. Questa è una scelta che deriva dallo studio dei dati, non da impressioni personali.

Naturalmente non c'è alcun intervento umano in questa prima selezione di squadre che si troveranno, per così dire, in "attesa" di tornare a vincere, pareggiare o perdere.

I dati confermano la tendenza ciclica ad interrompere le serie dei risultati mancanti, sia in casa che in trasferta, con una buona regolarità. Il trend è molto costante e sono ormai consapevole che sia semplicemente un aspetto organico del calcio.

Prima di darvi giustamente qualche numero a supporto delle

mie affermazioni, vi anticipo che la percentuale media di pronostici naturali che soddisfano pienamente il risultato atteso con le quote fisse 1, X, 2, sono circa il 30%. Attenzione ho scritto "che soddisfano pienamente" quindi che interrompono la serie con il risultato principale 1, X o 2. Significa che tra i Pronostici Naturali, che già rappresentano una selezione rispetto al totale delle partite in programma generiche, di media 1 su 3 è vincente in modo totale. Ovvero nel giorno di partite, chi era in "attesa" di vincere ha vinto, chi di pareggiare ha pareggiato, chi di perdere ha perso, rispetto al totale delle squadre del tabellone.

Tutto qua? No, perché la media del 30% non deve bastare a nessuno ed il rischio di rovinare una bolla sarebbe ancora troppo alto, si può fare molto di più. Come? Scommettere, di regola, sulle quote di copertura, che aumentano notevolmen-te questa percentuale.

Perché quindi dovrei farmi venire il mal di testa e scovare presunte occasioni tra il mare magnum di partite in program-ma, quando ho un tesoro grezzo ma oggettivo tra le mani, gentilmente offerto dal calcio in modo naturale e costante? E permettetemi di aggiungere, anche comodamente servito in un chiaro tabellone online aggiornato.

Chiunque avesse piacere a vedere i numeri dettagliati delle ultime stagione, può approfondire direttamente sulla piatta-forma online, nella sezione trend ho pubblicato tutti i detta-gli. Prono generati e soddisfatti, divisi per ogni segno, casa e trasferta, per le quote fisse, di copertura e copertura extra. Inoltre ci sono tutti i numeri delle serie per lunghezza, dalle famose 5 al massimo che si è verificato, con relativa percen-tuale.

E non solo. Attualmente sto lavorando per riuscire a pubbli-care, dalla stagione 2019/20 in poi, tutti i prono naturali, intese come le partite, divise per tutti i campionati e con il dettaglio della serie interrotta e relativo risultato, per ogni giornata di campionato. Per comprendere meglio quali campionati stanno producendo i migliori risultati ed arrivare persino a quale singola squadra ha dato più soddisfazioni.

Il turnover dei prono naturali è dinamico, ogni giornata di campionato ci sono squadre che soddisfano il risultato atteso e che quindi usciranno dal tabellone. Viceversa, altri team avranno nel frattempo soddisfatto il requisito obbligatorio ed entreranno nella lista. Naturalmente rimarranno nel tabellone le squadre che non hanno ancora interrotto la serie attesa, fino a quando e se accadrà.

Certo, è impossibile che tutti i prono siano soddisfatti in un'unica giornata, ed è proprio per questo che mostrerò come cercare di fare scelte oggettivamente sensate per ottenere il massimo beneficio dal tipo di bolla giocata.

Il tabellone è aggiornato di regola entro il giorno seguente, con i nuovi prono naturali in programma relativi alle partite successive. In particolare nel fine settimana, ovviamente.

La prima preziosa caratteristica dei pronostici naturali è quindi quella di rigenerarsi con continuità per tutto il corso della stagione e di rendere il betting una lunga ed emozionante maratona che ci tiene compagnia per tutto il campionato. Avere sempre un "mercato" disponibile ogni giornata di campionato è molto importante perché consente di appoggiarsi ad un centro di gravità permanente, come cantava qualcuno. Un luogo di riferimento dove trovare del materiale utile per ragionare sulla prossima scommessa.

E soprattutto ci consente di fare i veri conti alla fine della stagione, non dopo qualche giornata. Per me l'importante rimane il segno più e verde a fine maggio. Chiaramente non esistono vincite garantite, ma nell'arco temporale di un campionato posso riuscire ad assorbire e gestire dei periodi meno fruttuosi, avere il tempo di ritrovare continuità di risultati positivi ed una valutazione realistica e completa sulla stagione.

Restringere notevolmente il campo di scelta ed accorciare ulteriormente la lista del palinsesto è per me un'altra preziosa linea guida. In pratica le altre partite, quelle senza prono naturali, non le considero neanche. Meno confusione e più rapidità nella scelta.

Ciò nonostante, con le partite spalmate ormai su più date, i prono sono sempre presenti, in particolare quando si scende in campo per il classico fine settimana calciofilo e per eventuali turni infrasettimanali o recuperi.

Per dare un'idea della frequenza con cui si materializzano i pronostici naturali considerate che, durante la stagione con tutti i 16 campionati citati entrati a regime, nell'arco della settimana mediamente ci sono circa 140 squadre pronostico naturale, con il Sabato e la Domenica che ne offrono in media e rispettivamente, 60 e 40.

È decisione del giocatore sfruttare i prono naturali saltuariamente, nel week-end o con maggiore frequenza. Io ovviamente non faccio testo perché sono direttamente coinvolto nel mio approccio e lo faccio, oltre che per divertimento, anche per verificare l'aggiornamento dei dati e gli andamenti. Posso anche scommettere importi molto bassi quasi quotidianamente, ma modifico gioco ed obiettivo a seconda del giorno della settimana.

Imposto scommesse da vivere durante l'arco della giornata o serata. Prediligo concentrarmi solo su questa modalità di gioco, ciò non toglie che altri scommettitori possano scegliere di sfruttare Pronostici Naturali per il live betting.

Un altro aspetto da considerare è la lunghezza delle serie. È sicuramente una credenza e percezione comune pensare che un numero più alto di giornate di attesa sia indice di maggior probabilità di rottura della serie. I numeri reali, i risultati di

stagioni intere, sanciscono situazioni invece molto differenti.
Ed il calcio non è la roulette del casinò, che ti può distruggere molto più facilmente di serie infinite, di "boule" rouge o noir.
Ecco perché scommettere banalmente con raddoppi o altre tecniche progressive o matematiche non è, a mio avviso, remunerativo o perlomeno rilassante.
Le lunghe serie esistono, così come ci sono tanti incontri che mettono di fronte due pronostici naturali, vedremo in seguito come interpretare tutti i casi particolari.

Semplicità e rapidità di gioco: le quote.

Le quote sulle partite sono cresciute esageratamente, la fantasia dei bookmaker si è sbizzarrita, la considero un subdolo stratagemma per "distrarre" i giocatori e mandare in fumo le schedine.

Ciò nonostante, il tipo di bolla, il modo di scommettere scriteriato, casuale, con poca disciplina e sregolatezza è ancora la prima causa che trasforma le bolle in aeroplanini che precipitano inesorabilmente nel cestino.

I prono naturali utilizzano poche e comunissime quote che qualsiasi bookmaker con regolare licenza per l'Italia, propone nei palinsesti delle scommesse.

Definisco quelle che considero quote basse, medie e alte. Le quote basse partono da 1,20 ed arrivano fino all'1,45. Tendenzialmente cerco di evitare il valore minimo, ma dipende dalle situazioni.

Di sicuro, quote sotto questo livello non le utilizzo, per due motivi. Il primo è che nascondono sempre e comunque un rischio, quindi per una quota così ridotta c'è da chiedersi sempre se ne valga la pena.

Il secondo, ancora più importante, è che diversi bookmaker annullano eventuali bonus che contengono quote inferiori all'1,20 in una bolla multipla.

Le quote medie viaggiano dall'1,46 all'1,95/2,00. Le quote alte dal 2,01 in poi fino ad un massimo di 4,00 circa. Oltre si va obiettivamente in un campo minato che non è di mio interesse, poiché ritengo già le quote alte ottime per realizzare bolle a sistema con moltiplicatori finali elevati.

A seconda del tipo di bolla che gioco con i pronostici naturali, devo considerare le classiche quote 1, X e 2 e le relative quote "matematicamente" correlate. La scelta della quota è fondamentale per determinare il tipo di obiettivo e quindi la tipologia di bolla da giocare.

Lasciamo per ora da parte l'1, X e 2, che non ammettono soglia di errore per definizione e concentriamoci sulle quote che definisco di copertura.

33

Abbattimento del rischio e selezione dei prono naturali.

Le quote di copertura sono il parametro più importante nella selezione dei prono naturali, devono essere sempre la prima scelta nella composizione della bolla, a patto naturalmente che il valore della quota sia accettabile.

Le quote di copertura sono direttamente collegate ai segni principali 1, X,2 e si utilizzano per le tutte e tre le situazioni di pronostico naturale "non vince da", "non pareggia da", "non perde da".

Significa che matematicamente, nel momento in cui il segno principale 1, X o 2 è soddisfatto e quindi è avvenuta l'interruzione della serie, tutti le relative quote di copertura sono di conseguenza vincenti.

Il punto da comprendere bene benissimo è che si tratta di semplici doppie chance o quote similari, ma sono sempre correlate in base al segno principale 1, X e 2 del prono naturale atteso.

Ancora una volta, invito ad andare oltre alla banale apparenza. Un conto è scegliere una doppia chance così, senza un motivo se non quello di presumere di ottenere maggior sicurezza. Ben diverso è sceglierla perché il calcio ci dice che il pronostico naturale attende la rottura di una serie correlata e sostenuta dai dati degli andamenti del campionato singolo e di tutti messi insieme. Fa tutta la differenza del mondo.

Le opzioni dipendono ovviamente dalla partita, ma ciò che mi preme trasmettere è che la serie specifica dei pronostici naturali può suggerire un motivo in più per avere fiducia in risultati, o meglio, in quote di copertura, sulla carta poco probabili.

Con un po' di pratica e costanza chiunque è in grado di riconoscere rapidamente i pronostici più interessanti nel tabellone del giorno, ovvero quelli che presentano la maggior parte di aspetti positivi contemporaneamente e scartare senza indugi quelli più incerti, che potranno poi divenire magari più interessanti nelle giornate successive.

Lo scommettitore è costretto ad evolversi, essere sempre più preparato e attento perché i bookmaker fanno, fin troppo bene, il loro mestiere ed hanno mezzi e risorse nettamente più avanzati di qualsiasi giocatore.

Un paio di accorgimenti che voglio suggerire subito. Non mischiare quote basse con quote alte nella stessa bolla e prestare sempre moltissima attenzione alle quote rispetto alla partita in casa o trasferta.

Nel senso che è un attimo fare un semplice errore di distrazione e giocarsi una bolla vincente per aver fatto confusione con serie, segno e quota, tra casa e trasferta. Ne so qualcosa, purtroppo.

Un altro suggerimento riguarda l'inizio dei campionati, dove ritengo cosa buona e giusta tenere d'occhio le squadre in attesa della prima partita vinta, persa o pareggiata, oppure della prima serie delle somme gol pari e dispari, del segna gol e prende gol.

Insomma tutte le "prime volte" di ogni quota del prono naturale, ovviamente sempre dopo le prime cinque giornate già disputate. Per questo nelle note segnalo anche tutte le prime volte delle rispettive serie. Mi spiego meglio. Considerati tutti e 16 i campionati, segnalo quali squadre-pronostico-naturale sono in attesa di soddisfare, ad esempio, la prima rottura di una seria di partite senza pareggi dopo un tot di giornate consecutive, che è un'indicazione in più, da aggiungere a tutte le altre.

Per i segni fissi ad esempio, la pressione anche mediatica, di un filotto iniziale si fa molto più sentire nella testa dei giocatori, rispetto alla stessa situazione a campionato ormai inoltrato. Di seguito l'elenco completo dei segni principali e delle quote di copertura matematicamente correlate. In questi anni mi sono sempre sbalordito di come un qualsiasi appassionato di betting non sapesse elencare queste relazioni, per questo non ho voluto dare nulla per scontato ed ho deciso di inserirle.

Elenco quote per i pronostici naturali

<u>NON VINCE DA - Squadra prono naturale che gioca in casa</u>
Quota fissa: 1
Quote di copertura: 1X, 12, Segna Gol Casa
Significa che il pronostico naturale è in "attesa" di vincere e per farlo un gol lo deve fare, ovvio. Ciò che conta è che, nel caso il risultato finale fosse 1-4 poco importa, l'importante è aver soddisfatto la quota di copertura sul gol casalingo. Così come può pareggiare con l'1X o vincere e/o perdere con l'12. Evita di fissarti eccessivamente sulla vittoria di una squadra. Intendo dire, non aspettare di giornata in giornata, reiterando la puntata. Ogni turno fa storia a sé, non ti accanire. Se ti ha già fatto perdere ragione di più, potrebbe trattarsi di una squadra incappata in una stagione storta e non di una breve flessione. Cerca di essere elastico e freddo. E pronto a cambiare, senza fede, senza cuore, senza bandiera, solo ed esclusivamente per avvicinarti alla cassa. Ci sono situazioni in cui è anche corretto continuare a puntare sullo stesso prono, ma deve aggiungere più indicatori positivi (ad esempio una lunga serie di pari o dispari) alla serie da interrompere.
Viceversa esistono squadre materasso che arrivano in un campionato per caso, una volta sola o quasi, in tutta la loro storia calcistica. Una categoria che proprio non gli compete ed è possibile che non vincano mai, in tutta la stagione. Ed anche beccare un loro gol fatto potrebbe, in un contesto del genere, tramutarsi in un rischio eccessivo ed inutile.

<u>NON VINCE DA - Squadra prono naturale che gioca in trasferta</u>
Quota fissa: 2
Quote di copertura: X2, 12, Segna Gol Ospite
Stesso criterio per questa situazione di prono naturale dove

è interessante segnalare che la doppia chance o il gol esterno è spesso pagato bene, anche quando si tratta dell'ipotetica squadra favorita.

I prono nel tabellone, tutti i fine settimana, sono numerosi. Quindi si possono, anzi devono, evitare quelli che non convincono.

A maggior ragione, il processo di selezione è più esclusivo che inclusivo, nel senso che per realizzare una sola bolla l'obiettivo è tenere solo i prono migliori e scartare quelli meno stimolanti.

<u>NON PERDE DA - Squadra prono naturale che gioca in casa</u>

Quota fissa: 2

Quote di copertura: X2, 12, Prende Gol Casa

Identico concetto ma ribaltato verso la sconfitta di casa, con le quote di copertura esterne che anche in questo caso sono spesso più che soddisfacenti.

La vittoria della squadra ospite, nonostante l'eventuale forza e qualità oggettive dei giocatori a disposizione, ha sempre quel grado in più di difficoltà, in particolare in certi campionati. Da tenere quindi in considerazione i segni a favore delle squadra ospite, con la squadra di casa in attesa di sconfitta, anche se con ampie differenze di forza nelle formazioni.

L'12 è un'alternativa che non gioco spesso ma che può essere indicata, ad esempio dopo una serie di pareggi consecutivi di entrambe le squadre o quando una partita mette di fronte due squadre che "attendono" entrambe la vittoria o la sconfitta.

<u>NON PERDE DA - Squadra prono naturale che gioca in trasferta</u>

Quota fissa: 1

Quote di copertura: 1X, 12, Prende Gol Ospite

La sconfitta in trasferta, lo sanno anche le pantofole, è solitamente una tendenza confermata nella maggior parte dei campionati e quindi spesso le relative quote di copertura sono troppo basse per poterle considerare. Possono però diventare interessanti quando la squadra ospite riesce a fare testuggine e chiudere ermeticamente ogni azione.

Abbiamo visto tutti tante partite che, con il passare dei minuti, sono rimaste inchiodate su risultati poco attesi.

Qui la forza delle compagini in campo deve far parte della valutazione. Spesso è meglio tralasciare queste situazioni, in altre è lecito scegliere di puntare sulla squadra di casa con una vittoria secca, nel caso avesse una quota decente. Diversamente torna ad essere un rischio inutile e quindi da mollare senza menate.

Aggiungo che, di regola, i top e flop team non sono mai quelli che è bene considerare come prime scelte per i pronostici naturali, perché hanno quote sempre troppo basse. Sono certo che vi è capitato di inserire squadre blasonate o scarsissime in una bolla con quella sicurezza totale e poi vedere che, proprio quella giornata, è arrivato l'imprevisto. Esatto, proprio quando l'avete scelta ed eravate più che sicuri, vi ha fregato malamente.

<u>NON PAREGGIA DA - Squadra prono naturale che gioca in casa o trasferta</u>

Quota fissa: X

Quote di copertura: 1X, X2, Somma Gol Pari

Il pareggio fa gola a tutti, siamo d'accordo vero? Ecco perché la somma gol pari è una delle mie quote preferite. Prima di tutto, perché un pareggio potenzialmente possono farlo davvero tutte le squadre. Prime in classifica incappano quasi inevitabilmente in alcuni pareggi in tutto l'arco della stagione, grazie anche agli scontri diretti. Così come le ultime della classe riescono spesso a strapparlo con i denti, serrando i ranghi tra le mura domestiche.

Voglio spendere qualche parola in più per la somma gol pari del risultato, inteso per entrambe le squadre insieme, non di una o dell'altra.

Spessissimo mi sento dire che è un mero 50 % totalmente casuale, che teoricamente è ineccepibile, ma ancora una volta, è necessario cambiare punto di vista di partenza. Si sceglie questa quota perché si crede fondamentalmente in un pareggio, in un segno X. Ed il pareggio è matematicamente una somma gol pari. Certo, matematicamente è anche un 50%, ma c'è uno dei due 50% che è "spinto" dal pronostico naturale atteso e questo, ancora una volta, cambia le carte in tavola.

Cosa offre in più inoltre la somma gol pari rispetto a tutte le altre quote? Semplice, che copre tutti i segni possibili. L'X ovviamente, ma anche un 1 o un 2 con due gol di scarto.

La somma gol pari copre anche il fatidico 0-0, risultato mentalmente difficile dal punto di vista prettamente calcistico, in cui il gol è l'obiettivo e l'apice dell'esaltazione. Con una quota coprite già tutte queste situazioni, come si fa a non apprezzarlo?

Un'altra ragione per cui la somma gol pari è sempre dietro l'angolo risiede nella caratteristica del pareggio, che può rappresentare un risultato tattico. Non molto sportivo ma strategico.

Capita che due squadre si affrontino a viso aperto ma che col passare dei minuti l'agonismo tenda a calare fino a far scivolare velocemente il match verso il fischio finale senza che un team prevalga.

E poi noi italiani non ci dimenticheremo mai una certa partita tra Danimarca e Svezia vero? Si temeva finesse 2-2 per far contente entrambe le squadre in campo e sbattere fuori la nostra nazionale. Così è stato, che caso.

Oppure un classico big match o uno per la lotta salvezza, in cui prevale il non affondare le azioni, il cercare di "non farsi male" e portare a casa un punto che lascia tutto come prima e rimandare il problema, senza rischi per entrambe le compagini.

Il pareggio, per una squadra di alta classifica, equivale quasi sempre a due punti persi. Al contrario, per chi lotta per non retrocedere, un punticino può essere importantissimo. Quante volte si vede una squadra anche di alta classifica sudare sette camicie per riuscire a penetrare nella tenace difesa di una piccola squadra provinciale che lotta per la salvezza?

E poniamo il caso in cui, ad esempio, il prono naturale presenti anche una serie di somma gol dispari consecutivi, da sei in poi almeno. Altro ottimo fattore favorevole a questa quota.

E ancora, com'è la quota della somma gol pari? Magnificamente stabile, sempre buona, di media data sempre intorno a 1,80.

La somma gol pari non è un testa o croce, non è un rosso o nero, è una visione più ampia che consiglio di mettere in cima alle vostre preferenze.

Qualche indicazioni in più sul pareggio, come se non bastassero. Più è basso il numero di gol che si presuppone le due squadre segnino, più il pareggio sale di probabilità. Come indicazione in più quindi, ma non come quota da giocare, si può buttare l'occhio sulla quota dell'under 2,5, che può essere in questo senso un buon segnale, quando è sotto l'1,65.

Ho constatato che la maggior parte dei tanti scommettitori che ho conosciuto e con cui ho avuto il piacere di disquisire di betting, ha confermato di non riuscire facilmente a resistere alla tentazione di ottenere un moltiplicatore sempre più alto.

È un vero peccato denigrare le quote di copertura per realizzare una bolla, sì potenzialmente più remunerativa, ma che aumenta il rischio in modo esagerato.

Personalmente sono disposto a lasciare sul campo qualche punto, piuttosto che ritrovarmi con delle bolle Canistracci Oil la maggior parte delle volte.

E vincere anche poco ma spesso, come nel calcio giocato, anche nelle scommesse aiuta a vincere nuovamente. Scaccia la negatività, aiuta a costruire un mindset positivo, attiva la law of attraction, insomma scegliete voi il perché psicometamarktingfisico, ma così è.

E che fine fanno le quote alte e fisse 1, X e 2? Sono importanti e si possono utilizzare, ci mancherebbe, ma il mio consiglio è di farlo solo con un sistema. Affronterò questo argomento in seguito nei tipi di bolle suggeriti.

Le quote di copertura extra

Le quote di copertura matematicamente collegate hanno di regola la precedenza nella scelta. Tuttavia si può disporre di qualche altra quota utile per ottenere maggiori alternative.
Le definisco extra perché non sono matematicamente collegate ad un risultato, ma sono comunque relative al segno atteso dal pronostico naturale e sono essenzialmente le seguenti tre.

• Gol (entrambe le squadre segnano)

• Over 1,5

• Somma gol dispari

Il Gol e l'Over 1,5 si possono giocare come alternativa in un caso specifico. Quando si incontrano due prono naturali, entrambe in attesa di vincere o perdere.
Dove teoricamente significa che, per rompere la serie, dovrebbero segnare un gol a testa. È possibile giocare quindi sia il Gol, che è quotato maggiormente, che l'Over 1,5, ovvero due gol segnati indipendentemente dalla squadra, durante l'incontro.
L'Over 1,5 ha una quota, ma anche un rischio teorico, parecchio inferiore. Si sceglie per lo stesso motivo del gol di entrambe le squadre, ma aumenta la copertura a quasi tutti i risultati possibili, tranne naturalmente alle vittorie per 1-0, 0-1 ed allo 0-0.
Anche la Somma Gol Dispari non è matematicamente collegata ad un preciso segno finale 1 o 2. Sicuramente non è un pareggio e fin qui non ci sono dubbi. Ha quindi la caratteristica di lasciare aperto il risultato per la vittoria o sconfitta di entrambe le squadre e, come e più anche della somma gol pari, ha sempre una buona quota, di media tra l'1,90/2,10.
Quando la gioco mi state per caso chiedendo? Vi invito ad

andare in uno o più dei 16 campionati considerati e a trovare delle serie lunghe di solo somme gol pari o solo somme gol dispari. Esistono, ma sono davvero rare. Per lunghe intendo oltre le 9/10 consecutive. Provate, andate a verificare voi stessi con i vostri occhi sul sito di statistica che più vi piace.

La Somma Gol Dispari vuole essere un'indicazione in più ed è proprio questo il punto, dato che non esiste alcuna certezza nelle scommesse.

L'intelligenza di chi scommette con i pronostici naturali consiste nel mettere insieme più elementi favorevoli possibili per chiudere ogni spiraglio al rischio, che è purtroppo sempre presente.

Dipende da noi, da come scegliamo, da come giochiamo. Più ci sforziamo di proteggere la nostra amata bolla, più potrà avvicinarsi il più frequentemente possibile alla cassa.

Scelgo quindi talvolta la quota somma gol dispari quando vedo un contesto particolarmente favorevole. Faccio un esempio pratico. Una squadra ha fatto 7 risultati di fila tutti terminati con una somma gol pari. In più, magari, gli ultimi 5 sono proprio tutti pareggi. Ecco, quando vedo delle premesse di questo tipo, sono ben predisposto a scegliere la quota di somma gol dispari.

Oppure semplicemente anche una serie che, gira e rigira, è arrivata oltre le dieci somme gol pari, che reputo di una lunghezza già oltre la media e quindi molto interessante. Ho fatto esempi specifici ma sono situazioni che capitano nel corso dei campionati.

Dati utili per passare all'azione

Abbiamo già avuto modo di vedere tutte le quote di copertura e copertura extra. Quelle sono le quote da utilizzare per una selezione dei pronostici naturali nel tabellone, che dovrebbe essere la più logica ed aderente possibile all'andamento dei vari campionati.

Per andamento intendo quanti e quali pronostici naturali sono stati soddisfatti, in particolare durante la stagione in corso.

La piattaforma online è lo strumento grazie al quale è possibile valutare i dati dei campionati in modo da essere sempre aggiornati su quali "performano" meglio o peggio. Tutti le statistiche utili e gli insight sull'intera stagione, i singoli campionati, le quote fisse, le quote di copertura, casa e trasferta, lunghezza e performance delle serie.

Vuoi sapere qual è il pronostico naturale più frequente e soddisfatto nella Bundesliga 2? Quanti prono naturali sono stati centrati nella Premiership inglese fino ad una certe giornata? Nella Liga spagnola, i prono naturali sulla serie "non perde da" si concretizzano di più in casa o fuori? La quota di copertura X2 in Serie B quanto è ricorrente?

Generalmente i servizi previsionali di betting forniscono delle percentuali sulla probabilità sull'esito della partita. Ed ogni volta mi sono chiesto a cosa diavolo mi servissero delle mere percentuali.

A parte che, bene o male, la percentuale è presto data dalla solita formula con cui si può ricavare l'aggio del bookmaker. Nel senso pratico e concreto della scelta per la bolla, una volta che ho un suggerimento del tipo: l'1 ha il 40%, l'X il 27% e il 2 il 33% di possibilità, cosa cavolo gioco? L'1 perché è la percentuale più alta? È come scommettere con la precisa posizione in classifica, neanche un ateo calcistico avrebbe questo approccio così semplicistico.

La percentuale è ottima per rendere un'idea, una misura immediata di un fenomeno che un numero non può dare. Sul trend di un campionato la ritengo indicativa, perché si genera sulla base di tanti dati. Su una singola partita, non vedo particolari vantaggi a sapere una mera percentuale.

Immagina quante domande possono ottenere risposta con dati reali ed aggiornati. Pensa a come potrebbe, il tuo betting, beneficiare di questo insieme di informazioni, linee guida e approccio prudente.

Scoprirai che le cosiddette sorprese saranno molte meno sorprendenti del previsto. "Incredibile, ha pareggiato contro l'ultima in classifica in casa!". Esclamazioni di questo genere avranno molto meno spazio dopo aver utilizzato per un po' di tempo ed in modo corretto i pronostici naturali. Attenzione, ci saranno sempre situazioni impreviste ed imprevedibili, ma saranno decisamente ridimensionate.

Quali sono le serie più frequenti e che continuano a primeggiare in cima alla statistica di ogni campionato o di tutti i campionati messi insieme? Con Pronostici naturali potrai scorgere ogni dettaglio relativo ai trend da sfruttare per la scelta migliore. Lo ripeto perché sono una grandissima mole di dati specifici, belli e pronti da osservare e sfruttare.

Sicuramente non sono le serie lunghe, come già ho anticipato. Per fortuna sono i primi valori delle serie che la fanno da padrona, anche perché diversamente dovremmo aspettare troppo per utilizzare con ragionevole fiducia, i prono da inserire nelle giocate.

Stop anche con mille statistiche di ogni tipo. Ore ed ore di tempo ed energia persi a studiare che cosa? E ma Pinco è squalificato e Pallo è infortunato. E ma il campo fa schifo. E ma è prevista pioggia allora significa questo e quello. Credo nella statistiche fatta di meno variabili ma più sostanziale ed indicativa.

La selezione, l'aspetto più critico del betting. La prima buona notizia è che con i pronostici naturali ho eliminato gran parte delle indecisioni. Certo ci sono sempre le incertezze, ma non c'è paragone rispetto al passato.

Ovvio che un veloce sguardo alla classifica e qualche altro dato, rimane cosa buona e giusta. Per chi ha più voglia e tempo ci può stare anche il confronto diretto negli anni, ad esempio, ma senza ripiombare nel loop delle statistiche infinite, che vi aggiungono solo confusione e, dopo un sacco di tempo, sarete punto e a capo ma con il mal di testa in più.

A chi dare quindi la precedenza nella scelta? Ricapitoliamo: essere consapevoli del trend dei singoli campionati ed i tipi di quota che performano meglio. Nel tabellone, ad esempio, vedere i prono che hanno lunghe serie di somma gol pari o dispari per rafforzare delle valutazioni.

Un aspetto molto importante è far caso a quali prono giocano uno contro l'altro. Tra poco elencherò, a questo proposito, tutti i casi possibili.

E le serie lunghe, perché il tabellone le mantiene e come sfruttarle, anche se statisticamente non sono profittevoli? Sicuramente per monitorare le somme gol pari e dispari che si creano. Inoltre, è meglio avere un'alternativa in più a disposizione, qualora non ci siano molti prono nel tabellone o troppo pochi che convincono.

Ad esempio, due squadre in attesa di pareggio che si affrontano nel mentre di una lunga serie, più di 10 diciamo, potrebbe essere scelta come valida alternativa, ovviamente sempre con le quote di copertura.

Una cosa è sicura, scommettere con i pronostici naturali significa crederci ed avere fiducia e convinzione che un risultato possa verificarsi. E vi assicuro che anche io, che scommetto così da diversi anni, me lo devo sempre ripetere e ricordare.

E ciò nonostante, a volte faccio ancora fatica a credere in un risultato piuttosto che ad un altro e... e poi fa rabbia, perché bastava crederci.

Casi particolari di pronostici naturali

Ci sono ancora molti dettagli per porre lo scommettitore nelle condizioni migliori di scegliere i prono naturali e le relative quote più attendibili, con quel QB di data driven.
Durante lo svolgimento dei campionati capitano di frequente nel tabellone partite in cui si affrontano due squadre entrambe nella condizione di pronostico naturale. Una serie di incroci come negli esempi seguenti.

• Due prono naturali, uno in attesa di vincere ed uno di pareggiare.

• Due prono naturali entrambi in attesa di perdere o vincere.

• Due prono naturali entrambi in attesa di pareggiare.

Queste situazioni possono essere molto favorevoli perché entrambi sono in attesa di interrompere la serie, a maggior ragione nel caso in cui condividessero addirittura il medesimo risultato atteso.
Come comportarsi di fronte a questi casi particolari di pronostici naturali?
La casistica offre una buona varietà di situazioni e ve le voglio dettagliare una per una con alcune riflessioni e la segnalazione delle quote corrette.
Ci tengo a precisare subito che ci può stare, per la valutazione delle squadre in campo e dell'andamento dei due team, di favorire e puntare con decisione su uno dei due prono naturali attesi e quindi, di conseguenza, non badare all'altro. Non è mai una scelta facile, è chiaro. Anche in questa situazione, sapere nello specifico chi sono le due squadre potrà chiarire molti dubbi.
A scanso di equivoci: a sinistra la casa di casa e a destra la squadra ospite. come di consueto.

In attesa di: Vincere vs Perdere

La sconfitta attesa dalla squadra ospite, rafforza ulteriormente il prono naturale in casa, in attesa di tornare a vincere tra le mura amiche. Valide quindi, rispetto al segno principale 1, tutte le quote correlate di copertura: 1X, 12, Segna Gol Casa. In questa situazione è probabile che spesso le quote in casa siano eccessivamente basse, a meno che la squadra di casa sia piuttosto inferiore sulla carta, a quella ospite.

Da tenere d'occhio, in questi casi, anche la serie della somma gol dispari, potrebbe essere una scelta alternativa valida e con una quota di tutto rispetto, a fronte di una vittoria o sconfitta di misura, in caso di concomitanza con una serie di minimo 5/6 risultati somma gol pari.

In attesa di: Perdere vs Vincere

A campo invertito questo incrocio mantiene gli stessi principi del precedente, con le quote che saranno più interessanti per la condizione di vincita fuori casa. Valide quindi, rispetto al segno principale 2, tutte le quote correlate di copertura: X2, 12, Segna Gol Ospite ed ancora Somma Gol Dispari per lo stesso motivo del caso precedente.

In attesa di: Vincere vs Pareggiare

La particolarità di questo caso è che, al contrario dei precedenti, presenta due segni principali possibili, l'1 e l'X. Situazione che fa comunque pendere l'inerzia a favore della squadra di casa, in attesa di tornare a vincere.

Anche in questo caso, dato il vantaggio del campo casalingo, le quote sono spesso troppo basse ed è per questo che non la potremo prendere in considerazione.

Tecnicamente entrambe hanno le loro quote di copertura matematica, ma ciò che consiglio è quello di scegliere, se fosse ragionevole rispetto alle squadre in campo, delle quote che contemporaneamente possano soddisfare entrambi i risultati attesi.

In questo caso quindi, tutte le quote correlate e quindi 1X, Segna Gol Casa (ipotizzando un pareggio con gol), Somma Gol Pari.

Le quote tecnicamente valide ma che andrebbero in "conflitto" con i prono sono le solite dei segni principali 1 e X. Perché conflitto? Ad esempio, X2, soddisfa il pareggio ma esclude la vincita casalinga, che invece è in serie di attesa per la squadra di casa.

Sicuramente, quando potrete vedere anche chi sono le squadre che si affrontano, questa scelta sarà molto più spontanea e rapida.

Come anticipato, ci può stare di puntare decisamente su una o sull'altra squadra. Come alternativa, quindi non considerare il pareggio e scegliere un 1 secco o, viceversa, una quota che contempli il pareggio della squadra ospite, nonostante un conflitto, con annesso asterisco per accettazione del rischio. Ed io in genere preferisco evitare di andarmi a cercare ulteriori rischi e quindi molto semplicemente evito questo match per considerarne altri più decifrabili. Ripeto, il processo di selezione è esclusivo e non inclusivo, come il funnel nel marketing, è necessario setacciare. Ci servono una manciata di prono naturali su tutti quelli disponibili nel tabellone e nelle giornate di campionato la scelta è ampia e quindi si può procedere con un rapido scarto di quelle inutilmente rischiose, per poi concentrarsi sulle migliori opportunità.

<u>In attesa di: Pareggiare vs Vincere</u>
Analoghe considerazioni per l'inversione di campo di questa situazione dove le quote della vittoria della squadra ospite si alzeranno ed, in particolare, potranno esserci degli ottimi valori sull'X2.

Per chiarezza quindi, le quote di copertura che soddisfano entrambi i segni principali X e 2 sono: X2, Segna Gol Ospite (ipotizzando un pareggio con gol), Somma Gol Pari.

Come sempre e per ogni valutazione di prono, si può dare un'occhiata al trend nei rispettivi campionati, per avere un'informazione in più che può essere utile a dare la spinta decisiva verso una scelta.

<u>In attesa di: Pareggiare vs Pareggiare</u>

La situazione sicuramente più interessante, data dalla quota sempre generosa dell'X, è quella di due prono naturali in attesa del pareggio. Questa condizione è ancora più conveniente qualora le due squadre fossero anche più o meno nella stessa zona della classifica.

In caso poi se una delle due, od entrambe ancora meglio, avessero collezionato anche una mini serie di risultati con somma gol dispari, allora ci troveremmo di fronte ad una scelta quasi "obbligatoria".

Per quanto mi riguarda, la contestualità di tutte queste variabili mi dà una gran fiducia per scommettere la somma gol pari come miglior quota sul match. Decisamente la mia preferita!

In questi anni ho visto davvero tante situazioni così finire proprio in parità e soddisfare entrambi i prono. Le quote correlate al segno principale X sono: 1X, X2 e Somma Gol Pari.

<u>In attesa di: Vincere vs Vincere</u>

Questa situazione, in cui ogni prono naturale è in attesa di tornare a vincere, è interessante in particolare per l'aspetto dei gol. Ripeto che si può decidere di puntare decisamente su una o l'altra squadra, i gol che dovrebbero segnare le squadre per vincere, possono mettere d'accordo entrambe.

Come già detto, oltre al Gol di entrambe le squadra, trovo ancora più prudente controllare la quota dell'Over 1,5 che aumenta decisamente la copertura rispetto al Gol. Quindi due gol segnati e… chi se ne frega di chi li segna.

<u>In attesa di: Perdere vs Perdere</u>

Le considerazioni appena fatte sono valide anche e viceversa, per una partita in cui si affrontano due squadre con il pronostico naturale in attesa di sconfitta. In ambedue i casi considerare sempre il fattore casalingo.

Un risultato che ho notato spesso realizzarsi in queste ultime due situazioni, Vincere vs Vincere e Perdere vs Perdere è il pareggio, ovvero le squadre si annullano a vicenda.

Questa scelta è da prendere come "licenza poetica di betting", perché esula da quelle che sono le indicazioni formali, la segnalo per completezza di informazione perché l'ho notata abbastanza spesso in questi anni. Soprattutto potrebbe, con un odioso 0-0, mettere a repentaglio la puntata sui gol. Da tenere presente come opzione in una bolla a sistema con quote alte.

Altre info utili per scegliere i prono naturali

In aggiunta a tutte le indicazioni che ho fornito finora, posso dare altre informazioni utili per cercare di raggiungere il livello più alto di affidabilità nelle bolle.

Partiamo da top e flop team dei campionati. Scommettere le squadre blasonate e i match più avvincenti non è affatto sinonimo di maggior copertura, anzi spesso è il contrario.

Vale per il betting sul calcio in generale, ma ancora di più per chi scommette con l'approccio dei pronostici naturali, dove l'attenzione deve andare sulla situazione del presente da valutare caso per caso.

Rincorrere la prima sconfitta di un top team o la prima vittoria di una piccola squadra neopromossa non porta a nulla di buono. Certo teniamo d'occhio per definizione tutte le serie, ma casomai in questi casi, si possono valutare le quote di copertura sulle doppie chance di pareggio ed il gol fatto o subito.

Azzeccare la prima sconfitta del Manchester City o del Barcellona lascia il tempo che trova e non è detto che si verifichi. Un esempio recente? Il Paok, che nella stagione 2018/19 ha vinto il campionato greco senza mai perdere. E il Tottenham? Sapete per quante giornate di fila non ha pareggiato nel 2018/19? Dalla prima partita di campionato, l'11 agosto 2018, alla 28esima giocata, il 2 marzo 2019, ma con ben 13 somme gol pari, per dovere di cronaca. Tra l'altro ha poi fatto altre 8 partite prima di fare, all'ultima giornata, il secondo pareggio. Caso molto raro, che stressa il concetto, credo di aver reso l'idea.

C'è chi potrebbe pensare di valutare anche di andare "contro" i pronostici naturali, nel senso di scegliere un risultato che confermi la continuità della serie, invece che l'interruzione. Come sempre viva la libertà! Lascio allo scommettitore questa responsabilità, ritengo che sia da valutare con moltissima

cautela, perché se poi uscisse un risultato atteso, la rosicata
sarebbe pesante. A me non interessa essere bastian contrario,
sono preparato ed ho esperienza per il mio modello di betting
e solo per questo ho e condivido i dati specifici necessari.
L'importante è essere coscienti del rischio e valutare i top
e flop team nel modo corretto, magari quando ci sono gli
scontri diretti. Anche se gli scontri diretti sono emozionanti
in TV ma per natura meno prevedibili e poco favorevoli a
precise intuizioni.
Nel tabellone non mancheranno mai questo tipo di squadre,
ma non dovrebbero attirare la tua attenzione in modo prima-
rio. Come sempre, valuta altri prono naturali nel tabellone
del giorno, perché cercare rogne?
Quindi spazio ad incontri con un po' più di divario in classifica, anche se fosse necessario giocare il Luton Town nella
Championship inglese o il Maritimo in Portogallo, con grande rispetto per tutte le squadre del mondo, sia chiaro.
E non poteva mancare un suggerimento last but not least.
Un aspetto super fondamentale consiste nel scegliere prono
distribuiti su più campionati diversi.
Vale a dire, non pretendere troppo dai prono naturali di un
unico campionato, è chiaro che non potranno quasi mai
essere tutti soddisfatti, quindi selezionare prono su nazioni
differenti, quando disponibili, è basilare per contribuire ad
abbassare il rischio.
È evidente che scommettere cinque somme gol pari in un
solo turno dello stesso campionato è ben diverso rispetto a
scommettere cinque somme gol pari su cinque campionati
diversi. Ben inteso che si punta sempre a prenderli tutti e
cinque e non due o tre e basta.
Dell'inizio e della fine dei campionati abbiamo già argomen-
tato, per chi proprio volesse, questi sono i momenti migliori
per piazzare una bolla multipla con un sistema a quote alte,

ricca di "sorprese".
Ora che hai appreso come analizzare, valutare, selezionare tutti i prono naturali, le quote, i casi particolari ed altri suggerimenti utili, è arrivato il momento di capire come come ottimizzare la giocata.

Scelta del tipo di bolla ed ottimizzazione

In questi anni di scommesse con i pronostici naturali ho voluto sperimentare tante giocate e combinazioni diverse per raggiungere un rapporto tra quote, rischio e potenziale vincita, che fosse il più equilibrato e remunerativo possibile. Questo è ciò che intendo per ottimizzazione della bolla.

Ripeto che trovo assolutamente saggio ed utile valorizzare piccole vincite, ma allo stesso modo, è normale desiderare di incassare importi più consistenti.

Per farlo non è necessario cambiare approccio di betting, ma provarci sempre con la massima prudenza, cercare di limitare il rischio e soprattutto evitare di scommettere importi eccessivamente alti.

Quando hai messo insieme la tua bolla super selezionata, guardala ancora una volta, controlla che le quote scelte siano quelle corrette e fatti la domanda finale: "ho fatto l'impossibile per cercare di limitare al massimo il rischio, evitare stress, godermi con divertimento le partite?". Se sì, allora procedi con ottimismo.

Io preferisco scommettere quasi sempre "intraday", ovvero faccio bolle con una selezione di prono naturali con partite che iniziano e finiscono nello stesso giorno.

Talvolta posso decidere di fare una scommessa che si distribuisca su partite che si disputano dal Lunedì al Giovedì, dipende molto anche da quanti prono naturali sono previsti durante la settimana. Qualora, ad esempio, ci fossero in programma turni infrasettimanali, recuperi di partite sospese o rimandate.

Dicono che i "veri" scommettitori, alla fine, si convertono alla scommessa singola, con una sola partita. Io finora sono ampiamente soddisfatto del mio gioco con multiple secche ed a sistema, ma sono sempre vigile ed operativo per migliorare e trovare ulteriori spunti e soluzioni.

La questione della quota finale è un fatto puramente alea-
torio, perché direttamente proporzionale al denaro che si è
disposti a mettere sul piatto. Io mi sono sempre messo dalla
parte del popolo che, come me, non ha centinaia di euro
da piazzare su una bolla e che desidera ottenere la massima
remunerabilità tra i soldi giocati e la possibile vincita.
Per il sottoscritto scommettere, per esempio, 50 o 100 euro
per vincerne altrettanti, non ha molto senso. È una mia per-
sonalissima opinione data dal fatto che, semplicemente, non
mi divertirei. Anzi, passerei ore piuttosto in sbattimento per
l'eventuale perdita di denaro.
C'è un aspetto di questo approccio che sfugge spesso a tanti
scommettitori. Farlo una o due volte è un conto, farlo per diverse bolle anche nello stesso giorno, per più settimane e tutta
la stagione, è proprio un conto ben più salato.
Voglio dire, bisogna sempre essere ottimisti e positivi ma
anche realisti. Credo sia semplice fare una rapida somma di
quanti bigliettoni da cento bisogna esser disposti a scommettere? No, grazie, non è di mio gradimento.
Voglio ampliare ulteriormente il concetto. Mi potrei giocare
le stesse 50 o 100 euro con maggior serenità, nel momento in
cui ho dei sistemi con prono naturali diversi che mi consenta-
no, ciascuno, di vincere 15/20 volte la posta.
Allora mi sta bene. Perché le giocherei con la testa, con sistemi a margini di errori consentiti e sfruttando ogni prono
naturale della giornata con il massimo della prudenza. Poi
vada come vada, ma io devo sempre fare il massimo per ga-
rantire alla mia bolla il miglior rapporto tra importo giocato,
potenziale vincita e copertura dal rischio. Ed evitare stress,
sbattimenti, azzardi.
È importante essere consapevoli di quanto si è deciso di
mettere in gioco ogni settimana o mese o stagione e quanto
possiamo permetterci con serenità di supportare anche un

periodo di cash flow negativo e di conseguente pesante sensazione di sfiducia.

Ormai la regola base è nota a tutti: evitare di recuperare un andamento negativo con ansia, fretta e senza criterio. Calma! Casomai, scala qualche marcia, i campionati sono lunghi. Scommetti pochissimo e bene e comincia a ricostruire un nuovo "tesoretto" con calma. Come un tennista che continua a sbagliare prime palle, inutile sparare sempre più forte. Ritrova l'equilibrio, la tecnica del colpo, abbassa la potenza e aumenta la precisione.

Ancora una volta la libertà di gioco è sacrosanta, ogni scommettitore gioca il tipo di bolle che desidera. Io ho individuato nel tempo, con tante prove e combinazioni, quattro tipologie di bolle per altrettanti differenti obiettivi.

Due bolle multiple fisse e due bolle multiple a sistema, che consentono di mantenere ragionevole il livello di rischio e copertura, rispetto alle quote scelte, ottenere un buon rapporto tra importo giocato e potenziale vincita totale e soprattutto lasciarmi aperta la possibilità di vincere e/o recuperare anche con 1 o 2 errori, a seconda del valore delle quote.

Ritengo che qualsiasi scommettitore possa trovare in una o più tipologie di queste bolle, quelle più adatte al proprio stile di gioco e propensione al rischio.

Multipla X3

La Multipla X3, come suggerisce il nome, ha una quota finale indicativa di circa tre volte la posta. Non deve per forza essere precisa con quota totale a tre naturalmente, concedetevi una buona elasticità, anche in termini di partite, l'importante è valutare bene i prono naturali da inserire.
Giusto per rendere l'idea, per triplicare la posta sono sufficienti tre partite con quota 1,45 di media, nulla di particolarmente rischioso.
Per quanto mi riguarda ho sperimentato questa semplicissima multipla con un buon ritorno. È una bolla che può andar bene quando, ad esempio, non ci sono molti prono naturali in programma, tipo durante la settimana. Ed è ottima per provare a mettere fieno in cascina in vista del week-end, dove ci sono molti più pronostici naturali e si può valutare di aumentare le giocate verso i sistemi.
La multipla secca è una valida scelta per quote basse e medie e, per quanto mi riguarda, ha senso anche scommettere 3/5 euro per vincerne 9/15, in un tranquillo giorno feriale.
Voglio ancora una volta sottolineare l'importanza delle piccole vincite perché hanno un significato che va oltre il reale valore della manciata di euro messi eventualmente in saccoccia.
Scommettere poco per sognare di vincere tanto, non attenersi ad una strategia e puntare principalmente sulle squadre tifate o blasonate è il classico approccio dello scommettitore perdente e frustrato.
È tempo di uscire dalla condizione di inconcludente cronico e cominciare a chiedersi: "che cosa posso fare di concreto per vincere almeno alcune delle mie bolle?" Quanti se lo chiedono realmente? La maggior parte preferisce vivere nella convinzione che, prima o poi, centreranno una grande vittoria. Intanto le giornate di campionato passano inesorabili ed il rosicamento cresce, insieme al denaro sprecato.

È necessario comincia a vincere, non importa quanto, ma bisogna scrollarsi di dosso negatività, pigrizia ed iniziare a mettere a segno qualche scommessa. Anche una manciata di euro ti pone in una condizione mentale positiva e diligente. E diversa. Quei pochi euro sono guadagnati per impegno, volontà, calma ed applicazione e potrai giocare almeno un paio di volte a spese del bookmaker, questo è già un ottimo risultato. So che in questo, mi unisco ad un coro già folto a sostegno di questi aspetti, ma c'è ancora troppa gente che li sottovaluta.

La metto sotto questa prospettiva. Perché snobbare vincite sotto i dieci o venti euro quando poi vedere quella stessa cifra così "enorme" quando si tratta di metterla sul piatto per una scommessa? Se ti capitasse di trovare 5 euro per terra, non saresti piacevolmente contento? La vita non è cambiata, ma l'umore è quantomeno migliorato!

Ed è sicuro che non potrai vincere tutti i giorni, ma la teoria del "1 caffè al giorno" è reale. Fare la proiezione su base mensile dà sempre motivazioni maggiori.

Ad ogni modo, per bravura e prudenza finalmente una bolla l'hai azzeccata. Io continuerei a scommettere nello stesso modo che ha portato alla vincita. Perché mai cambiare una strategia vincente?

La prima regola fondamentale è avere pazienza ed innescare il circolo virtuoso della vittoria. Per i sistemi a maggior potenzialità di vincita c'è sempre tempo e piacciono a tutti, me compreso, ma sempre con calma e serenità.

La coerenza delle quote utilizzate nella bolle è fondamentale. Voglio dire, posso giocare un solo pareggio ed aver già totalizzato anche più di tre volte la posta delle Multipla X3, ma il rischio si alza. Vero, è una partita sola, quindi torniamo a parlare dei puristi delle giocate singole di cui, almeno per ora, non faccio parte.

Più darai fiducia ai pronostici naturali e più i pronostici naturali ti ripagheranno. Così è successo a me. Col tempo è come se quando mi mettessi davanti al tabellone, avessi degli occhiali speciali che mi consentono di vedere le occasioni migliori. Ci sono tutte le giornate e ci saranno sempre tante volte in cui non ci abbiamo capito nulla o che i pronostici naturali abbiamo avuto poco rendimento. E allora? Pazienza! Concentratevi sulla regola, sulla continuità, non sulle giornate no, vostre o dei prono.

A mio avviso le immagini lasciano il tempo che trovano, non è mio obiettivo convincere nessuno del mio modello, né a parole, tanto meno con immagini di vincite. Ne inserisco alcune nel libro più che altro a titolo di esempio, per chi davvero ci tiene a vedere l'applicazione nella pratica.

P.S.: Per tutte le immagini delle bolle che inserisco nel libro, a suo tempo sono tutte state pubblicate ante-post online e sui canali social ufficiali. Quest'anno si riparte con tutto azzerato. Di seguito alcune bolle Multipla X3.

Juventus   1,22
Juventus v Genoa 22/01/2018
Risultato finale   Vincente

Ajaccio - Sì   1,53
Paris FC v Ajaccio 22/01/2018
Squadra fuori casa segna   Vincente

Galatasaray o pareggio   1,45
Kayserispor v Galatasaray 22/01/2018
Doppia chance   Vincente

Tipo scommessa: Tripla   >

Numero scommesse   1
Puntata unitaria   8,00
Puntata totale   8,00

Vincita 22,73

Pari	1,85

Lorient v Tolosa 08/02/2017
Somma goal pari/dispari	Vincente

Nizza	2,10

Nizza v St Etienne 08/02/2017
Risultato finale	Vincente

Bastia o pareggio	1,55

Bastia v Nantes 08/02/2017
Doppia chance	Nulla

Tipo di scommessa: Tripla	>

N° di scommesse	1
Puntata unitaria	5,00
Puntata totale	5,00
Vincita totale	19,42

Rotherham o pareggio	1,34

Rotherham v Nottingham Forest 16/04/2016
Doppia chance IN	Vincente

Sheffield Wednesday o pareggio	1,20

Sheffield Wednesday v Ipswich 16/04/2016
Doppia chance IN	Vincente

Birmingham - Sì	1,53

Birmingham v Burnley 16/04/2016
Squadra di casa a segnare	Vincente

Las Palmas o pareggio	1,25

Las Palmas v Sporting Gijon 16/04/2016
Doppia chance IN	Vincente

Tipo di scommessa:	>

N° di scommesse	1
Puntata unitaria	10,00
Puntata	10,00
Vincita totale	30,75

Nº	Selezioni	Evento	Data evento	Termini V/P	Quote	Risultato
1	Più di 1.5	Genoa v Cagliari (Totale goal aggiuntivo)	11/04/2015	Nessuno	1,22	Vincente
2	Bari - Si	Bari v Crotone (Squadra di casa a segnare)	11/04/2015	Nessuno	1,25	Vincente
3	Modena - Si	Modena v Virtus Entella (Squadra di casa a segnare)	11/04/2015	Nessuno	1,28	Vincente
4	Mainz - Si	Mainz v Bayer Leverkusen (Squadra di casa a segnare)	11/04/2015	Nessuno	1,36	Vincente

Multiple

Tipo di scommessa	Nº di scommesse	Puntata unitaria	Puntata	Vincita totale	Vincita totale
Multipla a 4	1	15,00	15,00		39,82

Nº	Selezioni	Evento	Data evento	Termini V/P	Quote	Risultato
1	Dispari	Livorno v Virtus Entella (Somma goal pari/dispari)	08/05/2015	Nessuno	2,05	Vincente
2	Pari	US Orleans 45 v Nimes (Somma goal pari/dispari)	08/05/2015	Nessuno	1,80	Vincente

Multiple

Tipo di scommessa	Nº di scommesse	Puntata unitaria	Puntata	Vincita totale	Vincita totale
Doppia	1	15,00	15,00		55,35

Nº	Selezioni	Evento	Data evento	Termini V/P	Quote	Risultato
1	Livorno	Livorno v Virtus Entella (Risultato finale)	08/05/2015	Nessuno	1,61	Vincente
2	Troyes	Troyes v Arles (Risultato finale)	08/05/2015	Nessuno	1,36	Vincente
3	Amburgo - Si	Amburgo v SC Friburgo (Squadra di casa a segnare)	08/05/2015	Nessuno	1,22	Vincente

Multiple

Tipo di scommessa	Nº di scommesse	Puntata unitaria	Puntata	Vincita totale	Vincita totale
Tripla	1	20,00	20,00		53,42

Nº	Selezioni	Evento	Data evento	Termini V/P	Quote	Risultato
1	Pari	Real Madrid v Valencia (Somma goal pari/dispari)	09/05/2015	Nessuno	1,90	Vincente
2	Valladolid o pareggio	Recreativo de Huelva v Valladolid (Doppia chance OUT)	09/05/2015	Nessuno	1,36	Vincente
3	Sì	Lugo v Sporting Gijon (Entrambe le squadre segnano)	09/05/2015	Nessuno	2,00	Vincente

Multiple

Tipo di scommessa	Nº di scommesse	Puntata unitaria	Puntata	Vincita totale	Vincita totale
Tripla	1	10,00	10,00		51,68

Nº	Selezioni	Evento	Data evento	Termini V/P	Quote	Risultato
1	Pari	West Ham v Stoke (Somma goal pari/dispari)	11/04/2015	Nessuno	1,90	Vincente
2	Birmingham - Sì	Birmingham v Wolverhampton (Squadra di casa a segnare)	11/04/2015	Nessuno	1,40	Vincente
3	Più di 1.5	Verona v Inter (Totale goal aggiuntivo)	11/04/2015	Nessuno	1,25	Vincente

Multiple

Tipo di scommessa	Nº di scommesse	Puntata unitaria	Puntata	Vincita totale	Vincita totale
Tripla	1	5,00	5,00		16,62

Multipla X6

In modo analogo alla Multipla X3, la bolla Multipla X6 deve presentare una quota finale che valga circa sei volte la posta. Per raggiungere un moltiplicatore a sei, si può scegliere prono naturali con quote medie e/o aggiungere una o due partite massimo. Oltre le cinque partite nella stessa bolla, come tutti sappiamo, aumenta notevolmente il grado di rischio. Nonostante quote leggermente più alte, per ottenere una Multipla X6 è sempre possibile utilizzare le quote di copertura e copertura extra. Niente quote alte, che ritengo meglio dedicare per bolle a sistema con margini di errore consentiti. Naturalmente la Multipla X6 è una bolla più pretenziosa e rischiosa della Multipla X3, ma può valere la pena di valutarla nel caso si intravedessero opportunità interessanti nel tabellone dei prono naturali. Stiamo pur sempre giocando per moltiplicare sei volte la posta, che non è poco.
Sia per la Multipla X3 che per la Multipla X6, basta un errore e la bolla va a rotoli, quindi come sempre massima prudenza e copertura. Di seguito alcune bolle Multiple X6 vincenti.

N°	Selezioni	Evento	Data evento	Termini V/P	Quota	Risultato
1	Pari	Braga v Estoril (Somma goal pari/dispari)	01/10/2017	Nessuno	1,90	Vincente
2	Vitesse o pareggio	Vitesse v Utrecht (Doppia chance)	01/10/2017	Nessuno	1,42	Vincente
3	Roda - Sì	Sparta Rotterdam v Roda (Squadra fuori casa segna)	01/10/2017	Nessuno	1,50	Vincente
4	Pari	Spal v Crotone (Somma goal pari/dispari)	01/10/2017	Nessuno	1,90	Vincente

Multiple

Tipo scommessa	Numero scommesse	Puntata unitaria	Puntata totale	Vincita potenziale	Vincita
Multipla a 4	1	6,00	6,00		49,59

N°	Selezioni	Evento	Data evento	Termini V/P	Quota	Risultato
1	Pari	Braga v Estoril (Somma goal pari/dispari)	01/10/2017	Nessuno	1,90	Vincente
2	Vitesse o pareggio	Vitesse v Utrecht (Doppia chance)	01/10/2017	Nessuno	1,42	Vincente
3	Roda - Sì	Sparta Rotterdam v Roda (Squadra fuori casa segna)	01/10/2017	Nessuno	1,50	Vincente
4	Pari	Spal v Crotone (Somma goal pari/dispari)	01/10/2017	Nessuno	1,90	Vincente

Multiple

Tipo scommessa	Numero scommesse	Puntata unitaria	Puntata totale	Vincita potenziale	Vincita
Multipla a 4	1	6,00	6,00		49,59

Bordeaux	**1,75**
Bordeaux v Lorient 05/11/2016 Risultato finale	Vincente
Guingamp o pareggio	**1,55**
Dijon v Guingamp 05/11/2016 Doppia chance	Vincente
Pari	**1,90**
Dundee v Motherwell 05/11/2016 Somma goal pari/dispari	Vincente
Pari	**1,80**
Pro Vercelli v Carpi 05/11/2016 Somma goal pari/dispari	Vincente
Tipo di scommessa: Multipla a 4	**>**
N° di scommesse	1
Puntata unitaria	7,00
Puntata totale	7,00
Vincita totale	69,80

Sassuolo - Sì   1,66

Napoli v Sassuolo 28/11/2016

Squadra fuori casa a segnare   Vincente

VfB Stoccarda   1,72

VfB Stoccarda v Norimberga 28/11/2016

Risultato finale   Vincente

Pro Vercelli - Sì   1,57

Salernitana v Pro Vercelli 28/11/2016

Squadra fuori casa a segnare   Vincente

Reims - Sì   1,20

Reims v Niort 28/11/2016

Squadra di casa a segnare   Vincente

Inter o pareggio   1,29

Inter v Fiorentina 28/11/2016

Doppia chance   Vincente

Tipo di scommessa: Multipla a 5   >

N° di scommesse	1
Puntata unitaria	8,00
Puntata totale	8,00
Vincita totale	61,06

N°	Selezioni	Evento	Data evento	Termini V/P	Quote	Risultato
1	Dispari	West Ham v Chelsea (Somma goal pari/dispari)	06/03/2017	Nessuno	1,95	Vincente
2	Cittadella - Si	Frosinone v Cittadella (Squadra fuori casa a segnare)	06/03/2017	Nessuno	1,57	Vincente
3	Valenciennes - Si	Valenciennes v Strasburgo (Squadra di casa a segnare)	06/03/2017	Nessuno	1,44	Vincente
4	Più di 1.5	Panionios v AEK Atene (Totale goal aggiuntivo)	06/03/2017	Nessuno	1,57	Vincente
5	Eintracht Braunschweig o pareggio	Eintracht Braunschweig v VfB Stoccarda (Doppia chance)	06/03/2017	Nessuno	1,57	Vincente
6	Alaves o pareggio	Alaves v Siviglia (Doppia chance)	06/03/2017	Nessuno	1,85	Vincente

Multiple

Tipo di scommessa	N° di scommesse	Puntata unitaria	Puntata totale	Vincita potenziale	Vincita totale
Multipla a 6	1	5,00	5,00		113,08

Clermont Foot o pareggio   1,28

Laval - Sì   1,66

Niort - Sì   2,20

Reims - Sì   1,57

Sochaux - Sì   1,72

Tipo scommessa: Multipla a 5   ❯

Numero scommesse	1
Puntata unitaria	5,00
Puntata totale	5,00
Vincita	69,42

SuperMultpla9

La prima volta che ho realizzato una fantastica vincita con una SuperMultipla9 ho pensato, in tutta sincerità, di aver avuto solo una grande ed estemporanea botta di culo.

Ho iniziato a dare fiducia a questa giocata più come "atto dovuto" per la cassa realizzata, che per una reale convinzione nel tipo di bolla. Il motivo è, fondamentalmente, che coinvolge addirittura nove partite in una sola bolla. Come impressione iniziale, concordo che sia ragionevole pensare che sia molto arduo vedere tutti i nove prono vincenti contemporaneamente.

A distanza di diversi anni posso affermare che la SuperMultpla9 ha meritato sul campo, senza ombra di dubbio, di essere la bolla simbolo del mio modello di betting.

La SuperMultipla9 è una bolla multipla a sistema da 9 partite, da giocare con una tolleranza di errori soggettiva che, ovviamente, influisce direttamente sull'importo totale scommesso.

A quanto mi risulta, non tutti i bookmaker certificati consentono di realizzare multiple a sistema con nove partite, spero che nel frattempo qualsiasi piattaforma permetta questa legittima possibilità, diversamente consiglio di valutare altri book perché si tratta di una limitazione eccessiva che impedisce di ottimizzare la giocata.

Voglio spiegare meglio, per i meno esperti, cosa significa "tolleranza di errori soggettiva". Nel momento in cui si realizza una bolla di nove partite insieme, un bookmaker dovrebbe dare la possibilità di giocare un sistema.

Ovvero, non solo 1 scommessa multipla secca sulle 9 partite (che quindi devono essere tutte e 9 vincenti) ma anche una serie di combinazioni sulle stesse 9 partite con multiple a 8 partite, 7 partite, 6 partite, ecc.. Queste multiple possono quindi essere vincenti o recuperare parte della giocata, anche con 1, 2, 3 errori ecc..

A seconda di quanta fiducia si ripone nella selezione dei nove prono naturali inseriti nel sistema, si può decidere di giocare di più o di meno come importo totale e suddiviso tra le varie linee di scommesse. Personalmente non scommetto mai sotto le multiple a sei, che considero solo quando la quota dei prono inserita risulti adeguata.

Il motivo per cui non gioco sotto le multiple a 6 è che si genererebbe una moltitudine di combinazioni tale da far aumentare eccessivamente l'importo giocato. Ad esempio, già con le multiple a sei da € 0,10 l'una, significa aggiungere altre 84 combinazioni e quindi altri € 8,4 euro.

È un equilibrio personale che ognuno deve decidere soggettivamente, è ovvio viceversa, che le combinazioni a sei contribuirebbero a far lievitare anche l'eventuale vincita o recupero. Nell'ultima stagione mi sono posizionato su una SuperMultipla9 a sistema che considera anche le multiple a 7, 8 e ovviamente la secca a 9, con un importo totale giocato di € 20.

In teoria si potrebbe anche scegliere quali partite considerare come fisse, ovvero quelle che dovranno essere obbligatoriamente vincenti per mantenere il sistema in gioco, ciò farebbe diminuire le combinazioni e quindi l'importo totale scommesso.

Per quanto mi riguarda, io non utilizzo mai partite fisse proprio per aumentare la probabilità della bolla ed evitare quindi che una selezione fissa possa farmi saltare la scommessa.

La SuperMultipla9 utilizza quote basse e medie per rispettare sempre il rapporto tra i vari elementi, ovvero: importo giocato, limitazione del rischio, copertura e potenziale vincita.

Scelgo quindi quote, indicativamente tra 1,20 e 2,20 circa, per ottenere una media di quota per ogni prono di circa 1,6.

Il primo passo è scegliere ovviamente novo prono naturali nel tabellone. Solitamente la SuperMultipla9 è adatta al fine settimana, quando sono presenti tanti prono naturali.

Devono essere nove cavalli di razza! La selezione tra quelli disponibili deve essere accurata e rigorosamente votata alla maggior prudenza e copertura possibile.

In concreto faccio quindi prima una rapida overview di tutti i prono del tabellone e poi mi concentro su quelli più interessanti secondo i soliti requisiti, linee guida e trend. Senza badare al blasone, all'ora delle partita o se riuscirò a guardare i match in TV.

L'importante è avere, con la conferma di quote adeguate, la top 9 dei prono naturali del giorno con il minor rischio possibile. Controllare la quota è quindi necessario, anche se comporta un piccolo dispendio di tempo maggiore, per avere la conferma di ottenere sempre una quota media indicativa di 1,60.

Intendo dire, chiarisco per sicurezza, sui nove pronostici naturali scelti ci possono ad esempio essere quote a 1,30 o 1,90 o 1,50, un mix che, in totale, realizzi la media indicativa di circa 1,60.

A questo proposito, per semplicità ed immediatezza potete controllare che la quota totale della multipla a 9 partite, la secca diciamo, superi circa un valore di almeno 25/30 volte la posta.

Da questo valore in su, anche le altre multiple a 7 e 8 avranno un rapporto adeguato tra importo speso/vincita potenziale. Mentre per scommettere anche la linea delle multiple a 6, il valore totale della quota a 9 secca dovrebbe essere oltre il 50/60. Ovviamente non bisogna sconfinare in quote alte, ma rimanere sempre nell'ambito di quote basse e medie.

Un'altra caratteristica interessante della bolla a sistema Super-Multipla9 è consentire importi di giocata diversi, a seconda del margine di errori desiderato. Per stressare il concetto, qualcuno potrebbe preferire di scommettere sulla sola multipla secca di nove partite e senza errori consentiti, anche se ritengo che in questo modo si andrebbe a snaturare l'obiettivo di questo sistema.

Tenete sempre presente che nella SuperMultipla9 non è la quota della multipla secca a nove partite che rende la possibile vincita entusiasmante (con gli importi suggeriti) ma proprio la somma di tutte le linee di multiple del sistema.

Nel momento in cui tutti e nove i pronostici naturali sono soddisfatti, a cascata tutte le multiple a 8, 7 ed eventualmente 6, risulteranno di conseguenza vincenti con importi più alti.

Un po' come nel gioco del lotto, quando si prende una quaterno o un terno e si è giocato anche l'ambo.

È fondamentale ricordare che con un sistema a nove partite si può beneficiare anche di un ottimo bonus che può arrivare, a seconda del bookmaker utilizzato, anche al 30% in più sul totale.

Di seguito un esempio di SuperMultipla9 con un errore ed otto prono centrati che hanno consentito di vincere ugualmente un importo di € 97,87.

1	Pari	Sampdoria v Atalanta (Somma goal pari/dispari)	10/03/2019	Nessuno	1,90	Perdente
2	Frosinone - Sì	Frosinone v Torino (Segna la squadra in casa)	10/03/2019	Nessuno	1,61	Vincente
3	Girona - Sì	Girona v Valencia (Segna la squadra in casa)	10/03/2019	Nessuno	1,40	Vincente
4	Las Palmas - Sì	Deportivo La Coruna v Las Palmas (Segna la squadra fuori casa)	10/03/2019	Nessuno	1,66	Vincente
5	Caen - Sì	Rennes v Caen (Segna la squadra fuori casa)	10/03/2019	Nessuno	1,80	Vincente
6	Tolosa - Sì	Tolosa v Guingamp (Segna la squadra in casa)	10/03/2019	Nessuno	1,33	Vincente
7	Sint-Truidense o pareggio	Mouscron-Peruwelz v Sint-Truidense (Doppia chance)	10/03/2019	Nessuno	1,75	Vincente
8	Vitoria Setubal o pareggio	Vitoria Setubal v CD Tondela (Doppia chance)	10/03/2019	Nessuno	1,25	Vincente
9	Pari	FC Emmen v Heracles (Somma goal pari/dispari)	10/03/2019	Nessuno	1,80	Vincente

Multiple

Tipo scommessa	Numero scommesse	Puntata unitaria	Puntata totale	Vincita potenziale	Vincita
Multipla a 7	36	0,25	9,00		53,79
Multipla a 8	9	1,00	9,00		44,08

Ecco la selezione dei prono naturali con una buona varietà di quote basse e medie distribuita tra diversi campionati: 2 in Serie A, 1 nella Liga spagnola, 1 nella serie B spagnola, 2 in Francia Ligue 1, 1 nella seria A Belga, 1 nella serie A portoghese ed 1 in quella olandese.

La giocata prevede la tolleranza di due errori e quindi il sistema comprende tutte le combinazioni possibili per le multiple a 7, 8 e 9 partite per un importo totale giocato di € 20. La vincita potenziale totale sarebbe stata di € 757,04 più bonus. Di seguito la distribuzione dell'importo scommesso sulle varie multiple.

• 36 Multiple a 7 da € 0,25 cadauna (totale € 9) con vincita potenziale di questa linea di € 241,15 + bonus.

• 9 Multiple a 8 da € 1 cadauna (totale € 9) con vincita potenziale di questa linea di € 381,87 + bonus.

• 1 Multipla a 9 da € 2 con vincita potenziale di questa linea di € 134,02 + bonus.

Questa SuperMultipla9 è valsa una cassa di quasi 5 volte la posta ma con la possibilità di vincere ben 50 volte la posta, considerato anche il bonus. Anche poter solo ambire ad una cassa di questo importo, non è scontato. L'aspetto fondamentale su cui invito tutti a riflettere è l'enorme remunerabilità di questa giocata, che consente quindi di puntare in modo saggio ad una bella vincita ma, allo stesso tempo, di incassare ugualmente con un errore, come in questo esempio reale, con un importo totale giocato che, mi sento di dire, non credo sia eccessivo.

I valori chiaramente variano a seconda di quali quote risultano vincenti e perdenti. Intendo dire che qualora le 8 vincenti fossero tutte a 1,4 sarebbe un conto, se anche la metà fossero ad esempio a 1,9 la vincita aumenterebbe di conseguenza.

Con 8 prono vincenti su 9 con quote basse e medie si vince solitamente tra € 80/130. Con 7 si recupera tra € 8/25. C'è poco da fare i grandeur, io non butto via nulla, neanche una piccola manciata di eurini, lo voglio dire chiaro.

Certo 7 risultati su 9 faranno sempre rosicare, ma guardate il lato positivo. Siete stati in gioco bene, la bolla era corretta e probabilmente è saltata per il classico gol negli ultimi minuti, tutto normale. Avete avuto la possibilità di ottenere una buona vincita a tre cifre scommettendo € 20, meno gli euro recuperati. Di seguito un esempio di recupero parziale di € 9,15 con due errori.

1	Venezia o pareggio	Venezia v Cosenza (Doppia chance)	23/12/2018	Nessuno	1,28	Perdente
2	Più di 1.5	Leganes v Siviglia (Totale goal (Altre opzioni))	23/12/2018	Nessuno	1,44	Vincente
3	Dispari	TSG Hoffenheim v Mainz (Somma goal pari/dispari)	23/12/2018	Nessuno	2,00	Perdente
4	Augsburg - Sì	Augsburg v Wolfsburg (Segna la squadra in casa)	23/12/2018	Nessuno	1,28	Vincente
5	De Graafschap - Sì	De Graafschap v Vitesse (Segna la squadra in casa)	23/12/2018	Nessuno	1,50	Vincente
6	Pari	Nacional v Grupo Desportivo de Chaves (Somma goal pari/dispari)	23/12/2018	Nessuno	1,90	Vincente
7	Pari	Benfica v Braga (Somma goal pari/dispari)	23/12/2018	Nessuno	1,90	Vincente
8	Rio Ave - Sì	Porto v Rio Ave (Segna la squadra fuori casa)	23/12/2018	Nessuno	1,83	Vincente
9	Galatasaray	Galatasaray v Sivasspor (Risultato finale)	23/12/2018	Nessuno	1,70	Vincente

Multiple

Tipo scommessa	Numero scommesse	Puntata unitaria	Puntata totale	Vincita potenziale	Vincita
Multipla a 7	36	0,25	9,00		9,15

A proposito di belle vincite, vediamone alcune. L'obiettivo non è quello di impressionare ma di mostrare esempi reali di scommesse con la SuperMultipla9. Sono solo alcune delle vincenti, ovvio che il numero di bolle giocate perse sia superiore a quelle vinte, prossimamente sul sito è mia intenzione pubblicare l'elenco completo delle giocate in ordine cronologico con il relativo cash-flow degli ultimi anni.

La mia volontà banalmente è trasmettere l'idea che se questo approccio ha aiutato me, potrebbe benissimo aiutare anche voi. Tra l'altro dovreste solo seguire e scegliere, perché Pronostici Naturali fornisce tutti i dati e strumenti necessari per farlo in modo pratico e comodo.

Questa è sempre stata, tra l'altro, la mission della piattaforma, ovvero di essere uno strumento comodo, pratico ed utile per chi sceglie di giocare le bolle di campionato sfruttando i pronostici naturali. Partiamo da qualche anno fa, così giusto per godere di alcuni bei ricordi.

N°	Selezioni	Evento	Data evento	Termini V/P	Quote	Risultato
1	Chelsea	Crystal Palace v Chelsea (Doppia chance IN)	03/01/2016	Nessuno	2,00	Vincente
2	Everton o pareggio	Everton v Tottenham (Doppia chance IN)	03/01/2016	Nessuno	1,44	Vincente
3	Dispari	Deportivo La Coruna v Villarreal (Somma goal pari/dispari)	03/01/2016	Nessuno	1,95	Vincente
4	Pari	Albacete v Ponferradina (Somma goal pari/dispari)	03/01/2016	Nessuno	1,80	Vincente
5	Panionios - Si	Panionios v Olympiakos (Squadra di casa a segnare)	03/01/2016	Nessuno	1,83	Vincente
6	Numancia - Si	Lugo v Numancia (Squadra fuori casa a segnare)	03/01/2016	Nessuno	1,50	Vincente
7	Pari	Leganes v Oviedo (Somma goal pari/dispari)	03/01/2016	Nessuno	1,80	Vincente
8	Almeria	Almeria v Llagostera (Risultato finale)	03/01/2016	Nessuno	1,80	Vincente
9	Granada o pareggio	Granada v Siviglia (Doppia chance IN)	03/01/2016	Nessuno	2,05	Vincente

Chelsea @ 2,00 Everton o pareggio @ 1,44 Dispari @ 1,95 Pari @ 1,80 Panionios - Si @ 1,83 Numancia - Si @ 1,50 Pari @ 1,80 Almeria @ 1,80 Granada o pareggio @ 2,05 Multipla a 7, 36 Scommesse * €0,25	03/01/2016 13:13:59	9,00	526,25
Chelsea @ 2,00 Everton o pareggio @ 1,44 Dispari @ 1,95 Pari @ 1,80 Panionios - Si @ 1,83 Numancia - Si @ 1,50 Pari @ 1,80 Almeria @ 1,80 Granada o pareggio @ 2,05 Multipla a 6, 84 Scommesse * €0,25	03/01/2016 13:13:59	21,00	689,92
Chelsea @ 2,00 Everton o pareggio @ 1,44 Dispari @ 1,95 Pari @ 1,80 Panionios - Si @ 1,83 Numancia - Si @ 1,50 Pari @ 1,80 Almeria @ 1,80 Granada o pareggio @ 2,05 Multipla a 8, 9 Scommesse * €0,50	03/01/2016 13:13:59	4,50	467,61
Chelsea @ 2,00 Everton o pareggio @ 1,44 Dispari @ 1,95 Pari @ 1,80 Panionios - Si @ 1,83 Numancia - Si @ 1,50 Pari @ 1,80 Almeria @ 1,80 Granada o pareggio @ 2,05 Multipla a 9, 1 Scommessa * €2,00	03/01/2016 13:13:59	2,00	368,61

N°	Selezioni	Evento	Data evento	Termini V/P	Quota	Risultato
1	Newcastle o pareggio	Newcastle v Leicester (Doppia chance)	29/09/2018	Nessuno	1,45	Perdente
2	Pari	Rotherham v Stoke (Somma goal pari/dispari)	29/09/2018	Nessuno	1,90	Vincente
3	Middlesbrough o pareggio	Hull v Middlesbrough (Doppia chance)	29/09/2018	Nessuno	1,29	Vincente
4	Pari	Juventus v Napoli (Somma goal pari/dispari)	29/09/2018	Nessuno	1,90	Vincente
5	Tenerife - Si	Tenerife v Cadiz (Segna la squadra in casa)	29/09/2018	Nessuno	1,33	Vincente
6	Guingamp - Si	Angers v Guingamp (Segna la squadra fuori casa)	29/09/2018	Nessuno	1,53	Vincente
7	Pari	NAC v PSV Eindhoven (Somma goal pari/dispari)	29/09/2018	Nessuno	1,90	Vincente
8	Pari	Hamilton v Dundee (Somma goal pari/dispari)	29/09/2018	Nessuno	1,90	Vincente
9	Ipswich - Si	Birmingham v Ipswich (Segna la squadra fuori casa)	29/09/2018	Nessuno	1,66	Vincente

Multipla a 8	9	0,65	5,85		46,14

Puntata: 5,85   Vincita: 46,14

Multipla a 7	36	0,10	3,60		32,70

Puntata: 3,60   Vincita: 32,70

Multipla a 6	84	0,10	8,40		66,34

Puntata: 8,40   Vincita: 66,34

N°	Selezioni	Evento	Data evento	Termini V/P	Quota	Risultato
1	Chateauroux - Si	Ajaccio v Chateauroux (Squadra fuori casa segna)	03/11/2017	Nessuno	1,61	Vincente
2	Ajaccio GFCA - Si	Auxerre v Ajaccio GFCA (Squadra fuori casa segna)	03/11/2017	Nessuno	1,61	Vincente
3	Pari	Nimes v US Quevilly (Somma goal pari/dispari)	03/11/2017	Nessuno	1,80	Perdente
4	Pari	US Orleans 45 v Sochaux (Somma goal pari/dispari)	03/11/2017	Nessuno	1,80	Vincente
5	Tours o pareggio	Tours v Bourg-Peronnas (Doppia chance)	03/11/2017	Nessuno	1,28	Vincente
6	Brest o pareggio	Valenciennes v Brest (Doppia chance)	03/11/2017	Nessuno	1,42	Vincente
7	Sparta Rotterdam o pareggio	Sparta Rotterdam v Heerenveen (Doppia chance)	03/11/2017	Nessuno	1,72	Vincente
8	Palermo o pareggio	Pescara v Palermo (Doppia chance)	03/11/2017	Nessuno	1,70	Vincente
9	Numancia o pareggio	Numancia v Alcorcon (Doppia chance)	03/11/2017	Nessuno	1,28	Vincente

Multiple

Tipo scommessa	Numero scommesse	Puntata unitaria	Puntata totale		Vincita
Multipla a 8	9	1,00	9,00		39,67

Puntata: 9,00 Vincita: 39,67

Tipo scommessa	Numero scommesse	Puntata unitaria	Puntata totale	Vincita potenziale	Vincita
Multipla a 7	36	0,25	9,00		48,97

Puntata: 9,00 Vincita: 48,97

Nº	Selezioni	Evento	Data evento	Termini V/P	Quota	Risultato
1	Dispari	Augsburg v Wolfsburg (Somma goal pari/dispari)	25/11/2017	Nessuno	1,95	Vincente
2	Pari	Cagliari v Inter (Somma goal pari/dispari)	25/11/2017	Nessuno	1,90	Vincente
3	Novara - Sì	Venezia v Novara (Squadra fuori casa segna)	25/11/2017	Nessuno	1,61	Vincente
4	Pari	Swansea v Bournemouth (Somma goal pari/dispari)	25/11/2017	Nessuno	1,90	Vincente
5	Pari	Barnsley v Leeds (Somma goal pari/dispari)	25/11/2017	Nessuno	1,90	Vincente
6	Pari	Sheffield United v Birmingham (Somma goal pari/dispari)	25/11/2017	Nessuno	1,90	Vincente
7	Verona o pareggio	Sassuolo v Verona (Doppia chance)	25/11/2017	Nessuno	2,25	Vincente
8	Hamilton o pareggio	Hamilton v Hibernian (Doppia chance)	25/11/2017	Nessuno	2,30	Vincente
9	Sì	Holstein Kiel v FC Ingolstadt (Entrambe le squadre segnano)	25/11/2017	Nessuno	1,61	Perdente

Tipo scommessa	Numero scommesse	Puntata unitaria	Puntata totale	Vincita
Multipla a 7	36	0,25	9,00	257,21

Tipo scommessa	Numero scommesse	Puntata unitaria	Puntata totale	Vincita
Multipla a 8	9	1,00	9,00	264,66

1	Mouscron-Peruwelz o pareggio	Mouscron-Peruwelz v Sint-Truidense (Doppia chance)	02/12/2017	Nessuno	1,57	Vincente
2	Pari	Willem II v Heracles (Somma goal pari/dispari)	02/12/2017	Nessuno	1,90	Vincente
3	Dispari	Besiktas v Galatasaray (Somma goal pari/dispari)	02/12/2017	Nessuno	1,95	Vincente
4	Swansea - Sì	Stoke v Swansea (Squadra fuori casa segna)	02/12/2017	Nessuno	1,57	Vincente
5	Hull o pareggio	Sheffield Wednesday v Hull (Doppia chance)	02/12/2017	Nessuno	1,95	Vincente
6	Borussia Dortmund o pareggio	Bayer Leverkusen v Borussia Dortmund (Doppia chance)	02/12/2017	Nessuno	1,60	Vincente
7	Fortuna Dusseldorf o pareggio	Holstein Kiel v Fortuna Dusseldorf (Doppia chance)	02/12/2017	Nessuno	2,00	Vincente
8	Real Sociedad - Sì	Atletico Madrid v Real Sociedad (Squadra fuori casa segna)	02/12/2017	Nessuno	1,72	Vincente
9	Pari	Rennes v Amiens (Somma goal pari/dispari)	02/12/2017	Nessuno	1,85	Vincente

Tipo scommessa	Numero scommesse	Puntata unitaria	Puntata totale	Vincita potenziale	Vincita
Multipla a 9	1	2,00	2,00		471,46
Multipla a 7	36	0,25	9,00		610,89
Multipla a 8	9	1,00	9,00		1.149,78

N°	Selezioni	Evento	Data evento	Termini V/P	Quota	Risultato
1	Pari	KV Kortrijk v Eupen (Somma goal pari/dispari)	27/01/2018	Nessuno	1,90	Vincente
2	Aberdeen	Aberdeen v Kilmarnock (Risultato finale)	27/01/2018	Nessuno	1,66	Vincente
3	Venezia	Venezia v Cesena (Risultato finale)	27/01/2018	Nessuno	1,90	Vincente
4	Carpi - Si	Carpi v Spezia (Squadra di casa segna)	27/01/2018	Nessuno	1,53	Vincente
5	Parma	Parma v Novara (Risultato finale)	27/01/2018	Nessuno	1,80	Vincente
6	Pari	Valencia v Real Madrid (Somma goal pari/dispari)	27/01/2018	Nessuno	1,90	Perdente
7	Reus Deportiu - Si	Reus Deportiu v Oviedo (Squadra di casa segna)	27/01/2018	Nessuno	1,50	Perdente
8	Pari	Cadiz v Lugo (Somma goal pari/dispari)	27/01/2018	Nessuno	1,80	Vincente
9	Si	Deportivo La Coruna v Levante (Entrambe le squadre segnano)	27/01/2018	Nessuno	1,80	Vincente

Multiple

Tipo scommessa	Numero scommesse	Puntata unitaria	Puntata totale	Vincita potenziale	Vincita
Multipla a 7	36	0,25	9,00		15,77

N°	Selezioni	Evento	Data evento	Termini V/P	Quote	Risultato
1	Le Havre	Le Havre v Lens (Risultato finale)	30/01/2016	Nessuno	2,37	Vincente
2	Groningen o pareggio	PEC Zwolle v Groningen (Doppia chance OUT)	30/01/2016	Nessuno	2,05	Vincente
3	Palermo o pareggio	Carpi v Palermo (Doppia chance OUT)	30/01/2016	Nessuno	1,72	Vincente
4	Bari o pareggio	Pescara v Bari (Doppia chance OUT)	30/01/2016	Nessuno	1,85	Perdente
5	Eintracht Francoforte o pareggio	Augsburg v Eintracht Francoforte (Doppia chance OUT)	30/01/2016	Nessuno	1,85	Vincente
6	Si	Barcellona v Atletico Madrid (Entrambe le squadre segnano)	30/01/2016	Nessuno	1,95	Vincente
7	Dispari	Real Sociedad v Real Betis (Somma goal pari/dispari)	30/01/2016	Nessuno	1,95	Vincente
8	Huesca	Huesca v Albacete (Risultato finale)	30/01/2016	Nessuno	1,80	Vincente
9	Lorient	Lorient v Reims (Risultato finale)	30/01/2016	Nessuno	2,05	Vincente

Multiple

Tipo di scommessa	N° di scommesse	Puntata unitaria	Puntata	Vincita totale	Vincita totale
Multipla a 7	36	0,25	9,00		222,35

Ajaccio		2,00
Ajaccio v Niort 21/04/2017		
Risultato finale		Vincente

Pari		1,90
Colonia v TSG Hoffenheim 21/04/2017		
Somma goal pari/dispari		Vincente

Pari		1,90
Norwich v Brighton 21/04/2017		
Somma goal pari/dispari		Vincente

Oviedo o pareggio		1,33
Oviedo v Huesca 21/04/2017		
Doppia chance		Vincente

Pari		1,80
Benevento v Vicenza 21/04/2017		
Somma goal pari/dispari		Vincente

Pari		1,80
Red Star FC 93 v Bourg-Peronnas 21/04/2017		
Somma goal pari/dispari		Perdente

Pari		1,80
Valenciennes v US Orleans 45 21/04/2017		
Somma goal pari/dispari		Vincente

Pari		1,80
Reims v Nimes 21/04/2017		
Somma goal pari/dispari		Vincente

Pari		1,80
Auxerre v Tours 21/04/2017		
Somma goal pari/dispari		Vincente

Tipo scommessa: Multipla a 8 >

Numero scommesse	9
Puntata unitaria	1,00
Puntata totale	9,00
Vincita	126,00

Ajaccio		2,00
Ajaccio v Niort 21/04/2017		
Risultato finale		Vincente

Pari		1,90
Colonia v TSG Hoffenheim 21/04/2017		
Somma goal pari/dispari		Vincente

Pari		1,90
Norwich v Brighton 21/04/2017		
Somma goal pari/dispari		Vincente

Oviedo o pareggio		1,33
Oviedo v Huesca 21/04/2017		
Doppia chance		Vincente

Pari		1,80
Benevento v Vicenza 21/04/2017		
Somma goal pari/dispari		Vincente

Pari		1,80
Red Star FC 93 v Bourg-Peronnas 21/04/2017		
Somma goal pari/dispari		Perdente

Pari		1,80
Valenciennes v US Orleans 45 21/04/2017		
Somma goal pari/dispari		Vincente

Pari		1,80
Reims v Nimes 21/04/2017		
Somma goal pari/dispari		Vincente

Pari		1,80
Auxerre v Tours 21/04/2017		
Somma goal pari/dispari		Vincente

Tipo scommessa: Multipla a 7 >

Numero scommesse	36
Puntata unitaria	0,25
Puntata totale	9,00
Vincita	134,59

1	Più di 1.5	Livorno v Cosenza (Totale goal (Altre opzioni))	10/02/2019	Nessuno	1,50	Vincente
2	Pari	Tottenham v Leicester (Somma goal pari/dispari)	10/02/2019	Nessuno	1,90	Vincente
3	Norwich	Norwich v Ipswich (Risultato finale)	10/02/2019	Nessuno	1,36	Vincente
4	Malaga - Sì	Malaga v Las Palmas (Segna la squadra in casa)	10/02/2019	Nessuno	1,28	Perdente
5	Lilla o pareggio	Guingamp v Lilla (Doppia chance)	10/02/2019	Nessuno	1,33	Vincente
6	Tolosa - Sì	Tolosa v Reims (Segna la squadra in casa)	10/02/2019	Nessuno	1,40	Vincente
7	Pari	Anderlecht v Zulte-Waregem (Somma goal pari/dispari)	10/02/2019	Nessuno	1,90	Vincente
8	Olympiakos - Sì	PAOK Salonicco v Olympiakos (Segna la squadra fuori casa)	10/02/2019	Nessuno	1,50	Vincente
9	Nizza - Sì	Nizza v Lione (Segna la squadra in casa)	10/02/2019	Nessuno	1,44	Vincente

Multiple

Tipo scommessa	Numero scommesse	Puntata unitaria	Puntata totale	Vincita potenziale	Vincita
Multipla a 8	9	1,00	9,00		37,02
Multipla a 7	36	0,25	9,00		46,10

Sì	2,00
Benfica v Guimaraes 13/05/2017	
Entrambe le squadre segnano	Perdente

Genclerbirligi - Sì	1,80
Istanbul Basaksehir v Genclerbirligi 13/05/2017	
Squadra fuori casa a segnare	Vincente

St Johnstone o pareggio	1,40
St Johnstone v Partick 13/05/2017	
Doppia chance	Vincente

Leicester - Sì	1,66
Manchester City v Leicester 13/05/2017	
Squadra fuori casa a segnare	Vincente

Reading o pareggio	2,30
Fulham v Reading 13/05/2017	
Doppia chance	Vincente

Hertha Berlino o pareggio	1,42
Darmstadt v Hertha Berlino 13/05/2017	
Doppia chance	Vincente

Sì	1,57
RB Leipzig v Bayern Monaco 13/05/2017	
Entrambe le squadre segnano	Vincente

SC Friburgo o pareggio	1,40
SC Friburgo v FC Ingolstadt 13/05/2017	
Doppia chance	Vincente

Sì	1,66
Osasuna v Granada 13/05/2017	
Entrambe le squadre segnano	Vincente

Tipo scommessa: Multipla a 7 >

Numero scommesse	36
Puntata unitaria	0,25
Puntata totale	9,00
Vincita	72,96

Sì	2,00
Benfica v Guimaraes 13/05/2017	
Entrambe le squadre segnano	Perdente

Genclerbirligi - Sì	1,80
Istanbul Basaksehir v Genclerbirligi 13/05/2017	
Squadra fuori casa a segnare	Vincente

St Johnstone o pareggio	1,40
St Johnstone v Partick 13/05/2017	
Doppia chance	Vincente

Leicester - Sì	1,66
Manchester City v Leicester 13/05/2017	
Squadra fuori casa a segnare	Vincente

Reading o pareggio	2,30
Fulham v Reading 13/05/2017	
Doppia chance	Vincente

Hertha Berlino o pareggio	1,42
Darmstadt v Hertha Berlino 13/05/2017	
Doppia chance	Vincente

Sì	1,57
RB Leipzig v Bayern Monaco 13/05/2017	
Entrambe le squadre segnano	Vincente

SC Friburgo o pareggio	1,40
SC Friburgo v FC Ingolstadt 13/05/2017	
Doppia chance	Vincente

Sì	1,66
Osasuna v Granada 13/05/2017	
Entrambe le squadre segnano	Vincente

Tipo scommessa: Multipla a 8 >

Numero scommesse	9
Puntata unitaria	1,00
Puntata totale	9,00
Vincita	62,31

1	Pari	Sampdoria v Atalanta (Somma goal pari/dispari)	10/03/2019	Nessuno	1,90	Perdente
2	Frosinone - Si	Frosinone v Torino (Segna la squadra in casa)	10/03/2019	Nessuno	1,61	Vincente
3	Girona - Si	Girona v Valencia (Segna la squadra in casa)	10/03/2019	Nessuno	1,40	Vincente
4	Las Palmas - Si	Deportivo La Coruna v Las Palmas (Segna la squadra fuori casa)	10/03/2019	Nessuno	1,66	Vincente
5	Caen - Si	Rennes v Caen (Segna la squadra fuori casa)	10/03/2019	Nessuno	1,80	Vincente
6	Tolosa - Si	Tolosa v Guingamp (Segna la squadra in casa)	10/03/2019	Nessuno	1,33	Vincente
7	Sint-Truidense o pareggio	Mouscron-Peruwelz v Sint-Truidense (Doppia chance)	10/03/2019	Nessuno	1,75	Vincente
8	Vitoria Setubal o pareggio	Vitoria Setubal v CD Tondela (Doppia chance)	10/03/2019	Nessuno	1,25	Vincente
9	Pari	FC Emmen v Heracles (Somma goal pari/dispari)	10/03/2019	Nessuno	1,80	Vincente

Multiple

Tipo scommessa	Numero scommesse	Puntata unitaria	Puntata totale	Vincita potenziale	Vincita
Multipla a 7	36	0,25	9,00		53,79
Multipla a 8	9	1,00	9,00		44,08

1	Belenenses o pareggio	Belenenses v Portimonense (Doppia chance)	05/05/2018	Nessuno	1,42	Vincente
2	Guimaraes o pareggio	CD Tondela v Guimaraes (Doppia chance)	05/05/2018	Nessuno	1,57	Vincente
3	Pari	Sporting v Benfica (Somma goal pari/dispari)	05/05/2018	Nessuno	1,90	Vincente
4	Aberdeen o pareggio	Aberdeen v Hibernian (Doppia chance)	05/05/2018	Nessuno	1,34	Vincente
5	Brescia - Si	Cittadella v Brescia (Segna la squadra fuori casa)	05/05/2018	Nessuno	1,53	Vincente
6	Perugia - Si	Bari v Perugia (Segna la squadra fuori casa)	05/05/2018	Nessuno	1,40	Vincente
7	Tottenham	West Brom v Tottenham (Risultato finale)	05/05/2018	Nessuno	1,50	Perdente
8	VfB Stoccarda o pareggio	VfB Stoccarda v TSG Hoffenheim (Doppia chance)	05/05/2018	Nessuno	1,70	Vincente
9	Valladolid - Si	Numancia v Valladolid (Segna la squadra fuori casa)	05/05/2018	Nessuno	1,50	Vincente

Multiple

Tipo scommessa	Numero scommesse	Puntata unitaria	Puntata totale	Vincita potenziale	Vincita
Multipla a 8	9	1,00	9,00		38,75

Puntata: 9,00 Vincita: 38,75

Multipla a 7	36	0,25	9,00		47,85

Puntata: 9,00 Vincita: 47,85

#	Scommessa	Evento	Data	Handicap	Quota	Esito
1	Fiorentina o pareggio	Fiorentina v Bologna (Doppia chance)	14/04/2019	Nessuno	1,28	Vincente
2	Levante - Sì	Valencia v Levante (Segna la squadra fuori casa)	14/04/2019	Nessuno	1,50	Vincente
3	Villarreal o pareggio	Girona v Villarreal (Doppia chance)	14/04/2019	Nessuno	1,55	Vincente
4	Maiorca o pareggio	Numancia v Maiorca (Doppia chance)	14/04/2019	Nessuno	1,44	Vincente
5	Lilla - Sì	Lilla v Paris Saint Germain (Segna la squadra in casa)	14/04/2019	Nessuno	1,44	Vincente
6	Holstein Kiel o pareggio	FC Ingolstadt v Holstein Kiel (Doppia chance)	14/04/2019	Nessuno	1,61	Vincente
7	Pari	Willem II v PEC Zwolle (Somma goal pari/dispari)	14/04/2019	Nessuno	1,80	Vincente
8	Pari	Yeni Malatyaspor v Alanyaspor (Somma goal pari/dispari)	14/04/2019	Nessuno	1,90	Vincente
9	Pari	Aris Salonicco v Atromitos Athinon (Somma goal pari/dispari)	14/04/2019	Nessuno	1,90	Vincente

Multipla a 7	36	0,25	9,00		275,37
Multipla a 8	9	1,00	9,00		460,86
Multipla a 9	1	2,00	2,00		167,85

1	Parma o pareggio	Chievo v Parma (Doppia chance)	28/04/2019	Nessuno	1,40	Vincente
2	Pari	Leeds v Aston Villa (Somma goal pari/dispari)	28/04/2019	Nessuno	1,90	Vincente
3	Las Palmas - Sì	Las Palmas v Lugo (Segna la squadra in casa)	28/04/2019	Nessuno	1,20	Vincente
4	Elche - Sì	Sporting Gijon v Elche (Segna la squadra fuori casa)	28/04/2019	Nessuno	1,57	Vincente
5	Più di 1.5	Union Berlino v Amburgo (Totale goal (Altre opzioni))	28/04/2019	Nessuno	1,30	Vincente
6	Pari	Braga v Benfica (Somma goal pari/dispari)	28/04/2019	Nessuno	1,90	Perdente
7	Maritimo o pareggio	Maritimo v CD Tondela (Doppia chance)	28/04/2019	Nessuno	1,40	Vincente
8	Besiktas	Besiktas v Ankaragucu (Risultato finale)	28/04/2019	Nessuno	1,28	Vincente
9	Hearts o pareggio	Hibernian v Hearts (Doppia chance)	28/04/2019	Nessuno	1,75	Vincente

Multiple

Tipo scommessa	Numero scommesse	Puntata unitaria	Puntata totale	Vincita potenziale	Vincita
Multipla a 8	9	1,00	9,00		25,53
Multipla a 7	36	0,25	9,00		33,39

N°	Selezioni	Evento	Data evento	Termini V/P	Quote	Risultato
1	Udinese o pareggio	Frosinone v Udinese (Doppia chance)	12/05/2019	Nessuno	1,25	Vincente
2	Pari	Atletico Madrid v Siviglia (Somma goal pari/dispari)	12/05/2019	Nessuno	1,90	Vincente
3	Levante o pareggio	Girona v Levante (Doppia chance)	12/05/2019	Nessuno	1,75	Vincente
4	Real Betis	Real Betis v Huesca (Risultato finale)	12/05/2019	Nessuno	1,55	Vincente
5	Deportivo La Coruna o pareggio	Deportivo La Coruna v Cadiz (Doppia chance)	12/05/2019	Nessuno	1,25	Vincente
6	Più di 1.5	Rennes v Guingamp (Totale goal (Altre opzioni))	12/05/2019	Nessuno	1,28	Vincente
7	Heidenheim o pareggio	Duisburg v Heidenheim (Doppia chance)	12/05/2019	Nessuno	1,45	Vincente
8	Amburgo o pareggio	Paderborn v Amburgo (Doppia chance)	12/05/2019	Nessuno	1,70	Perdente
9	Heerenveen	Heerenveen v NAC (Risultato finale)	12/05/2019	Nessuno	1,53	Vincente

Multiple

Tipo scommessa	Numero scommesse	Puntata unitaria	Puntata totale	Vincita potenziale	Vincita
Multipla a 7	36	0,25	9,00		36,85
Multipla a 8	9	1,00	9,00		28,58

N°	Selezioni	Evento	Data evento	Termini V/P	Quote	Risultato
1	Milan - Sì	Milan v Juventus (Squadra di casa a segnare)	09/04/2016	Nessuno	1,53	Vincente
2	Sì	Konyaspor v Fenerbahce (Entrambe le squadre segnano)	09/04/2016	Nessuno	2,10	Vincente
3	Pari	Dundee Utd v Inverness CT (Somma goal pari/dispari)	09/04/2016	Nessuno	1,90	Vincente
4	Aston Villa - Sì	Aston Villa v Bournemouth (Squadra di casa a segnare)	09/04/2016	Nessuno	1,44	Vincente
5	FSV Frankfurt - Sì	Bochum v FSV Frankfurt (Squadra fuori casa a segnare)	09/04/2016	Nessuno	1,50	Vincente
6	Llagostera o pareggio	Llagostera v Athletic Bilbao B (Doppia chance IN)	09/04/2016	Nessuno	1,40	Vincente
7	Alcorcon - Sì	Almeria v Alcorcon (Squadra fuori casa a segnare)	09/04/2016	Nessuno	1,53	Vincente
8	Kilmarnock - Sì	Kilmarnock v St Johnstone (Squadra di casa a segnare)	09/04/2016	Nessuno	1,40	Vincente
9	Lanciano - Sì	Lanciano v Virtus Entella (Squadra di casa a segnare)	09/04/2016	Nessuno	1,33	Vincente

Multipla Quote Alte

La Multipla Quote Alte l'ho voluta inserire per chi preferisce sfruttare i pronostici naturali per scommesse decisamente più aitanti. Le quote che suggerisco per questo tipo di sistema vanno da circa 2,3 a salire, fino ad un massimo di 4.
Come per la SuperMultipla9, anche per la Multipla Quote Alte preferisco scommettere con una multipla a sistema con tolleranza di due errori e senza pronostici fissi ma, a differenza della SuperMultipla9, inserisco solo sei pronostici naturali. I motivi sono semplici. Il primo è che una multipla con sei quote alte assicura già un moltiplicatore finale enorme. Il secondo è che, per quanto faccia sognare la potenziale vincita, il rischio aumenta notevolmente e quindi è cosa buona e giusta contenere il più possibile l'importo scommesso.
Analogamente alla SuperMultipla9, il sistema comprende tutte le combinazioni possibili per le linee di multiple a 4, 5 e 6 partite per un importo totale giocato di € 10,75 euro.
Una cifra ragionevole, considerato che la vincita potenziale totale, a secondo delle quote, è sempre in media tra i € 1.000/5.000 ed oltre, più eventuali bonus. Di seguito la distribuzione dell'importo scommesse sulle varie linee di multiple.

- 15 Multiple a 4 da € 0,25 cadauna (totale € 3,75)

- 5 Multiple a 5 da € 1 cadauna (totale € 5)

- 1 Multipla a 6 da € 2 cadauna (totale € 2)

Smarchiamo qualche concetto. Evitare di fare il classico scarpa e ciabatta e realizzare delle SuperMultipla9 con prono naturali a quote alte. Tra l'altro si andrebbe quasi sicuramente oltre il limite massimo di vincita consentito.
Per giocare questo tipo di bolla cerco di scegliere ovviamente

i sei prono naturali che come sempre in assoluto mi convincono maggiormente, oppure inserisco qualche "sorpresa".

Tipo un top team che gioca fuori casa che potrebbe incappare in un pareggino o, viceversa, qualche squadra di bassa classifica che potrebbe avere un sussulto tra le mura amiche, o anche una lunga serie che si potrebbe interrompere, ecco quindi un altro motivo per mantenerle aggiornate e presenti nel tabellone.

Possono essere quote relative ai segni principali 1, X e 2 ma spesso e volentieri ci sono ottime doppie chance X2 ma anche 1X, che a causa dell'ampio divario delle squadre in campo, possono arrivare a quote oltre i 2,2/2,5. Non devono per forza essere tutte quote a 3,5/4, alcune è meglio che cerchino di contenere un po' l'ipotetico rischio con soluzioni da 2,5/3.

Dato che la mia amata bolla SuperMultipla9 non può mai mancare nelle mie giocate, ho pubblicato molte meno Multiple Quote Alte tra il 2017/18 ed il 2018/19, rispettivamente 18 ed 11.

Lo dichiaro subito: non ho mai avuto casi di vincita totali ed io ragiono solo in termini di risultati concreti, ma per l'enorme potenzialità rispetto all'importo scommesso, sono ancora favorevole a piazzare questo tipo di bolle, quando ritengo che ci siano delle opportunità interessanti.

Per tornare al discorso dei "singolisti", i prono naturali della Multipla Quote Alte potrebbero essere sì, in questo caso, ottimi anche per chi scommette singole secche.

Anche se giocare a sistema consente, solitamente, di ottenere una vincita ridotta o recuperare l'importo giocato con almeno quattro prono vincenti su sei.

Inserisco un paio di esempi in tal senso, perché ci tengo molto a sottolineare anche l'importanza dei recuperi, che nell'arco di una stagione intera alleggeriscono notevolmente la spesa per gli importi giocati.

N°	Selezioni	Evento	Data		Quota	Risultato
1	Chievo	Chievo v Frosinone (Risultato finale)	29/12/2018	Nessuno	2,00	Vincente
2	Udinese	Udinese v Cagliari (Risultato finale)	29/12/2018	Nessuno	2,45	Vincente
3	Fulham	Fulham v Huddersfield (Risultato finale)	29/12/2018	Nessuno	2,05	Vincente
4	Arsenal o pareggio	Liverpool v Arsenal (Doppia chance)	29/12/2018	Nessuno	2,75	Perdente
5	Pareggio	Preston v Aston Villa (Risultato finale)	29/12/2018	Nessuno	3,40	Vincente
6	Pareggio	Livingston v Aberdeen (Risultato finale)	29/12/2018	Nessuno	3,00	Perdente
Multipla a 4	15	0,25	3,75			9,17

Pareggio @ 3,25
Pareggio @ 3,50
Pareggio @ 3,20
Pareggio @ 3,80
Pareggio @ 3,10
Juventus @ 3,60 — 3,00
Multipla a 5, 6 Scommesse * €0,50

Pareggio @ 3,25
Pareggio @ 3,50
Pareggio @ 3,20
Pareggio @ 3,80
Pareggio @ 3,10
Juventus @ 3,60 — 3,75
Multipla a 4, 15 Scommesse * €0,25

Pareggio @ 3,25
Pareggio @ 3,50
Pareggio @ 3,20
Pareggio @ 3,80
Pareggio @ 3,10
Juventus @ 3,60 — 2,00
Multipla a 6, 1 Scommessa * €2,00

N°	Selezioni	Evento	Quota	Risultato
1	Pareggio	Leeds v Aston Villa (Risultato finale)	3,25	Vincente
2	Pareggio	Cardiff v Norwich (Risultato finale)	3,50	Perdente
3	Pareggio	SC Friburgo v Amburgo (Risultato finale)	3,20	Vincente
4	Pareggio	Malaga v Levante (Risultato finale)	3,80	Vincente
5	Pareggio	Digione v Bordeaux (Risultato finale)	3,10	Perdente
6	Juventus	Napoli v Juventus (Risultato finale)	3,60	Vincente

Tipo scommessa	Numero scommesse	Puntata unitaria
Multipla a 4	15	Vincita
Puntata totale	Vincita potenziale	
3,75	38,23	

Limiti AAMS, fiscalità e numeri utili per la ludopatia

Faccio un veloce recap per i principianti riguardo ai minimi e massimi ad oggi consentiti dalla legislazione italiana riguardo le scommesse sportive. Dovrebbero essere le medesime per tutti i bookmaker ma, in caso di differenze nei valori, rimane il concetto nell'impostazione del gioco.

L'importo minimo di giocata è di € 2 per ogni tipo di multipla.

Nei sistemi, come la SuperMultipla9 o Multipla Quote Alte, ogni linea di multiple a 8, 7, 6, ecc. deve totalizzare un importo giocato di almeno € 2 ed è consentito giocare minimo € 0,10 a salire ma solo a multipli di cinque (€ 0,10, € 0,15, € 0,20, ecc.).

Come avete visto nelle bolle di esempio, le 36 multiple a 7 le ho giocate a € 0,25 (36 combinazioni a € 0,25 per un totale di € 9).

Anche le vincite hanno un limite nelle scommesse sportive. Per le singole o multiple secche il massimo di vincita è fissato in € 10.000, mentre per i sistemi in € 50.000. Scommesse che vanno oltre queste vincite non possono essere giocate in una sola schedina.

Allo stato attuale, le vincite realizzate con bookmaker certificati regolarmente in Italia non devono essere dichiarate poiché già tassate alla fonte agli operatori, che agiscono da sostituti d'imposta per conto degli scommettitori.

Senza voler entrare nel tema fiscale, per il quale consiglio di essere comunque sempre assistiti da un professionista, segnalo solo che il recente Decreto Dignità ha inserito dei limiti di vincita in famiglia, oltre i quali si può perdere il diritto di ottenere il Reddito di Cittadinanza.

Seguono alcuni numeri utili per approfondimenti vari, anche legati ai problemi di ludopatia.

Agenzia Dogane Monopoli
https://www.adm.gov.it/portale/monopoli/giochi

Guida normativa dei giochi
https://www.adm.gov.it/portale/monopoli/giochi/normativa/
guida-normativa-dei-giochi

**Telefono Verde Nazionale per le problematiche legate al
gioco d'azzardo (TVNGA)**
https://www.iss.it/?p=2237

Carta dei servizi per il gioco a distanza
https://www.adm.gov.it/portale/documents/20182/542513/
Carta_dei_servizi_AAMS_gioco_a_distanza.pdf/ce1c4f54-
e17b-42dc-86b0-0f508f35c3e5

Gambling Therapy
https://www.gamblingtherapy.org/it

Pro e contro di Pronostici Naturali

Il betting sul campionato, nel mio approccio, prende corpo durante l'intero arco della stagione. Un viaggio in cui è giusto avere un approccio mentale positivo per puntare a vincere ogni bolla giocata, ma dove tener sempre presente che può benissimo non accadere.

Tentare il colpaccio in modo scriteriato ogni giornata di campionato significa ritrovarsi con una stagione intera di sconfitte. Quindi calma e niente fretta, c'è tutta la stagione per togliersi soddisfazioni. Se va male oggi, significa che andrà meglio domani. O dopodomani, o tra una settimana, un mese, aggiungo io. L'importante è essere sempre in linea con il proprio stile di gioco.

Per un appassionato di calcio e betting, dovrebbe essere piacevole seguire le partite e scommettere per l'intera durata del campionato. Nella mia esperienza credo sia uno dei modi più divertenti per cercare di ottenere, a maggio, un risultato finale positivo.

Il momento e la frequenza di utilizzo dei pronostici naturali sono quindi fattori pro o contro, a seconda del tipo di scommettitore. A seconda che si segua tutta la stagione, che si scommetta saltuariamente o solo per certi periodo dell'anno, è un tema da valutare soggettivamente nella gestione del personale flusso di cassa.

Io, per la volontà di applicare il mio modello di betting e continuare a tenere traccia dei risultati, ho una frequenza e degli importi giocati di un certo tipo.

Per questo insisto molto sulle piccole vincite e sui recuperi, perché danno un contributo importante al risultato finale della stagione.

Il cash-flow relativo al gioco ha il suo peso. È un dato di fatto che tra vincite parziali e vincite piene, anche solo una Super-Multipla9 potrebbe coprire praticamente il budget di spesa per tutta la stagione.

Che però la SuperMultipla9 torni ogni anno a farci visita con la sua splendida dote, non è dato a sapere. Neanche se si seguissero alla lettera tutte le regole e linee guida. Certamente l'abitudine sana ad un gioco equilibrato e ragionato apre a delle possibilità notevolmente più ampie di ottenere dei risultati soddisfacenti.

Ognuno faccia i conti per sé, metto solo in allerta di essere sempre consapevoli del tipo di betting e dell'obiettivo che si intende raggiungere.

E poi certo dipende anche da come gira la stagione. Certamente una bella vincita nella prima parte del campionato consente di scommettere più "leggeri" durante la seconda. Come quando una squadra passa in vantaggio dopo tre minuti e cambia la partita.

Mi raccomando, in tal caso, da evitare come la peste di bruciare la vincita appena ottenuta, ma considerarla un vantaggio per scommettere più sereni tutto l'anno. E si sa, questa condizione psicologica evita di avere la sensazione del "braccino", inteso come quello del tennista, bloccato dalla paura di sbagliare, non come avarizia.

Per tornare ai pro e contro, come avete potuto leggere, Pronostici Naturali indica delle linee guida di betting che, ad esempio, escludono di scommettere su partite emozionalmente più coinvolgenti.

Sicuramente scommettere ed assistere al derby di Roma è ben diverso da un Apollon Smirnis - Lamia, con tutto il rispetto per le due squadre greche. Come tutti gli appassionati di calcio, amo vedere i match importanti, ma se il Lamia rappresentasse il prono naturale più convincente, non avrei remore a preferirla.

Pronostici Naturali propone un modello di betting che è essenzialmente sempre uguale. Si chiama allenamento. Chi fa sport sa perfettamente cosa significa ed è consapevole che questo è l'unico modo per generare un miglioramento significativo ed ottenere un riflesso incondizionato.

Nel mio betting per miglioramento si intende la capacità di essere sempre più aderenti, precisi e rapidi nel selezionare i prono e combinarli nelle bolle. Di conseguenza aumentare la media dei prono centrati, fino a raggiungere delle vincite.

Ciò premesso, ci può stare che qualcuno lo possa trovare ripetitivo, magari in un periodo senza vincite, è normale. Così come riaccende la fiducia e l'entusiasmo, appena arriva una cassa.

Dell'aspetto tempo e voglia ho già scritto all'inizio del libro, lo ripeto perché è una variabile che tanti scommettitori avvertono come impedimento. Io suggerisco di sfruttare i pronostici naturali nel modo più adatto alla propria disponibilità. È possibile un betting costante a cui dedicare tempo con piacere oppure fare una toccata e fuga sul sito per scegliere nove prono e fare una SuperMultipla9 al volo.

Nonostante la rapidità, nella mia opinione, mi sento totalmente più confidente rispetto a scegliere nove partite nel modo "tradizionale".

Per tutti i giocatori abituali, scommettere in modo sano, è un piacere che inevitabilmente si aggiunge agli impegni quotidiani. Anche nell'ipotesi di avere molto tempo a disposizione, la concentrazione e l'energia per formulare la bolla, prima o poi calerà. È un aspetto da non sottovalutare.

E quando si finisce la presunta analisi, quando dovrebbe iniziare la selezione delle partite, il momento più delicato ed importante, la soglia di attenzione e "grinta mentale" è ormai in riserva.

Con il tabellone dei pronostici naturali si entra subito nel vivo della giornata per focalizzarsi solo sui prono già selezionati e meritevoli di considerazione. Ciò significa poter preparare la bolla nel massimo momento di lucidità per valutare al meglio le opportunità del giorno.

Nella sezione risorse sul sito ho pubblicato una guida rapida al tabellone, visibile al seguente indirizzo: https://www.pronosticinaturali.com/guida-tabellone.

Risorse

Ovviamente, il sito. Per quanto riguarda i canali social ufficiali, ad oggi Pronostici Naturali è presente su Istagram e Twitter. Mentre, con i nuovi emendamenti, Facebook ha deciso unilateralmente ed all'improvviso, di chiuderci la pagina. Pronostici Naturali non è ovviamente un bookmaker e quindi non possiamo presentare una licenza che non esiste, per una pagina su FB, amen!
Nei prossimi mesi invece inizieremo un percorso di podcast e video per condividere i temi che riguardano i campionati ed i pronostici naturali.
Inviate commenti, suggerimenti o anche chiarimenti, dal nostro sito o direttamente all'indirizzo e-mail info@pronosticinaturali.com, risposta garantita per tutti, me ne occuperò in prima persona.
Vi aspetto per proseguire insieme una fantastica stagione di betting!

Disclaimer
Tutti i marchi riportati appartengono ai legittimi proprietari; marchi di terzi, nomi di prodotti, nomi commerciali, nomi corporativi e società citati possono essere marchi di proprietà dei rispettivi titolari o marchi registrati d'altre società e sono stati utilizzati a puro scopo esplicativo ed a beneficio del possessore, senza alcun fine di violazione dei diritti di Copyright vigenti.